房地产经纪人微观行为分析

张洋 著

中国建筑工业出版社

图书在版编目（CIP）数据

房地产经纪人微观行为分析 / 张洋著.— 北京：中国建筑工业出版社，2019.6

ISBN 978-7-112-23811-8

Ⅰ.①房… Ⅱ.①张… Ⅲ.①房地产业－经纪人－行为分析 Ⅳ.①F293.3

中国版本图书馆CIP数据核字（2019）第111061号

责任编辑：朱晓瑜 张智芊
责任校对：张惠雯

房地产经纪人微观行为分析

张洋 著

*

中国建筑工业出版社出版、发行（北京海淀三里河路9号）

各地新华书店、建筑书店经销

北京点击世代文化传媒有限公司制版

大厂回族自治县正兴印务有限公司印刷

*

开本：787×1092毫米 1/16 印张：9½ 字数：147千字

2019年6月第一版 2019年6月第一次印刷

定价：45.00元

ISBN 978-7-112-23811-8

（34108）

◎ 前　言

房地产经纪人微观行为及其影响因素的研究是房地产经济学微观领域的重要课题。本书重点关注房地产经纪人微观行为中的二手房买卖居间行为。二手房买卖经纪人的问题也是当前国内外研究最集中和最重要的热点之一。受研究数据缺失和研究方法局限性的影响，国内外有关房地产市场微观主体行为的研究成果较少。事实上，二手房买卖居间行为过程、特征、影响因素等问题的理论研究有助于促进二手房经纪人居间服务水平的提高和二手房市场效率的改善。在此背景下，本书采用实验经济学方法研究二手房买卖居间行为问题，探索研究房地产经济学问题的新思路和新方法，拓展实验经济学方法的应用领域，具有一定的理论与现实意义。

在国内外已有研究的基础上，本书采用实验经济学方法从买方的角度研究其对二手房买卖居间行为的影响。首先，基于委托代理理论构建二手房买卖居间行为研究的理论模型，通过模型求解初步识别二手房买卖居间行为的影响因素。其次，借鉴经典实验研究成果，构建实验框架；然后利用实验框架，分别研究经纪人特征、佣金计算方式、买方支付意愿信息传递和买方购房时限信息传递对二手房买卖居间行为的影响。最后，根据买卖居间行为影响因素的实验研究结论，提出买方应对经纪人二手房买卖居间行为的措施，并将应对措施通过实验参数设置和实验组设计输入实验，通过实验检验应对措施的实施效果。

研究结论包括：（1）经验丰富的经纪人能够在不降低买方收益和买方需求偏好与住房属性的匹配程度的情况下，显著减少搜寻次数和搜寻持时，降低搜寻成本。（2）相比固定佣金方式，经纪人在比例佣金方式下工作，其搜寻次数更少，搜寻持时也更短，但买方需求偏好与住房属性的匹配程度有所降低。（3）买方传递支付意愿信息未对二手房买卖居间行为产生显著的影响。（4）经纪人在高时间压力环境下，会减少推荐二手房的次数，搜寻持时也更短，但买方需求偏好与住房属性的匹配程度显著降低。

研究建议包括：（1）买方应尽量委托从业经验丰富的经纪人为其提供服务。（2）政府应允许买方根据自身情况选择佣金计算方式：当买方搜寻成本较低、购房时限宽松时，应选择固定佣金方式；当买方搜寻成本高昂、购房时限紧张时，应选择比例佣金方式。（3）买方可向经纪人传递支付意愿信息。（4）当买方注重住房属性偏好的满足时，应当向经纪人传递购房时限宽松的信息；相反，应当向经纪人传递购房时限紧张的信息。

张洋

2019 年 5 月 25 日

◎ 目　录

CONTENTS

第 1 章

引 言

1.1 研究背景与意义

1.1.1 研究背景

1.现实背景

（1）买方在二手房市场中处于信息劣势地位，其合理利益常常受到侵害

一般来说，卖方因为长期占有和使用二手房，所以卖方掌握着二手房的质量信息；经纪公司收集大量的二手房市场供需、价格、政策等方面的信息，所以经纪人掌握的信息最多；而买方既不掌握二手房的信息，也不了解二手房市场的相关信息，处于相对的信息劣势地位。而且买方的信息劣势地位很难改变，买方通过短暂的实地察看二手房，只能了解二手房的朝向、面积、楼层等显性信息，不可能完全掌握二手房的一些"隐性信息"，如二手房的日照和湿度情况、周边的空气和噪声污染情况、邻里状况等。买方通过雇佣经纪人为其提供信息服务，但经纪人往往从有利于促成二手房成交的角度，选择性地向买方传递信息，甚至是传递虚假信息。因此，相比卖方和经纪人，买方处于信息劣势地位，而且缺乏有效的手段来改变信息不对称的局面。

众所周知，在信息不对称的环境下，掌握信息、处于信息优势的一方往往会做出有利于自己，但不利于信息劣势方的决策，以损害对方利益为代价来增加自身利益。在买方意识到自己的劣势地位，且无力减少利益受侵害的可能性的情况下，二手房市场的正常交易会变得不顺畅。

（2）面对中立的经纪人，买方往往不知如何选择合适的经纪人和与经纪人交互

二手房买卖居间服务指经纪服务从业人员在二手房买卖交易过程中，专门为买卖双方提供介绍性或信托性服务并收取一定手续费的活动。在居间服务过程中，经纪服务从业人员利用所掌握的信息和专业知识，穿针引线、搭桥挂钩、促成交易的达成。在服务过程中，经纪人的立场是中立的，经纪人追求的目标是自身利益最大化。这一点与买方代理或卖方代理不同，无论买方代理还是卖方代理，经纪人作为代理人，是站在委托人的立场进行活动的，

在合理的激励机制的激励下，委托人和代理人的利益方向是一致的。

在购房过程中，买方首先面临的问题是如何选择一个最合适的经纪人来提供居间服务。例如，当买方选择经纪人时，是选择男性经纪人还是女性经纪人？是选择高学历的经纪人还是低学历的经纪人？是选择从业经验丰富的经纪人还是新入职的经纪人？是选择年龄大的经纪人还是年龄小的经纪人？选择不同的经纪人，对于自己买房的过程和结果会有怎么样的影响？对于这些问题，买方一般没有清晰的答案。

其次，面对中立的经纪人，买方不清楚如何与其共同完成二手房搜寻过程。中立的经纪人不代表买方利益进行活动，那么对于买方来说，经纪人也就不是完全可信赖的。在漫长的搜寻二手房的过程中，买方应该如何与经纪人交互？例如，是否应该把自己的一些看法、认识和信息传递给经纪人？传递之后会有怎么样的影响？是有助于尽快搜寻到更满意的二手房，还是使自己处于更加不利的信息劣势地位，从而更容易遭受损失？买方往往很难明确回答这些问题。

（3）买方普遍缺乏购买二手房的经验和知识，且难以获得购房指导和帮助

二手房的搜寻过程比一般商品的搜寻过程更复杂，先后需要经历搜寻、议价、签约、过户等多个阶段。从购房过程所涉及的知识领域来看，二手房的搜寻过程会涉及建筑、土木、经济、金融、法律等许多领域的知识，一般买方没有时间和机会对购房知识进行系统学习。同时，对于一般买方来说，一生中经历的购房次数也是极少的，所以大多买方不具有相关的经验。

在买方严重缺乏购买二手房的经验和知识的情况下，当前的政府机构、企业等部门也没有为买方提供必要的指导和帮助。首先，政府部门目前重点对二手房交易流程、买方购房资格等方面进行管控，同时对经纪机构和人员的服务进行监督和管理，没有有效地组织科研机构深入调查和研究买方在购买二手房过程中所遇到的问题和困难，更没有针对性地为买方直接提供指导服务。其次，经纪机构也没有对买方进行有效的指导，因经纪人与买方的利益最大化目标不同，经纪人不仅没有动力去指导买方的搜寻行为，而且常常故意诱导和怂恿买方的不合理行为，以便于其从中受益。第三，买方通过网络学习、亲友传授等其他方式获得的指导可信度不高、不系统，难以真正起到作用。

（4）经纪人的二手房买卖居间服务质量和水平有待进一步提高

目前，我国的二手房买卖居间服务的总体水平还比较低，经纪人的买卖居间行为存在诸多不规范的现象。据经济之声与零点研究咨询集团共同推出的"房产中介行业满意度调查"[①]，有 32.6% 的被访者认为经纪人巧立名目乱收费，27.3% 的被访者被经纪人短信或电话骚扰，25% 的被访者认为经纪人提供的住房价格虚高，扰乱市场等。此外，还存在捏造散布涨价信息；对交易当事人隐瞒真实的房屋交易信息；泄露个人信息等一系列不规范行为。二手房买卖居间行为的不规范严重阻碍了二手房市场的健康发展，经纪人的二手房买卖居间服务质量和水平有待进一步提高。

2. 理论背景

（1）房地产市场微观主体行为的研究较少，且缺少对"人"的关注

当前，国内外学者对经纪人居间服务行为的研究很少，尤其是缺少对房地产市场买方、二手房卖方、经纪人等市场微观主体的关注，忽略了微观主体的人本特征（如"有限利己""有限理性"和"有限意志力"）（Mullainathan 和 Thaler，2000）。大多数研究仍然是基于"经济人"假设的前提开展，研究中仍然简单地假设人们服从追求自身利益最大化的特征。然而，大量行为和心理领域的研究表明，人是复杂的，人在决策时具有上述"有限利己""有限理性"和"有限意志力"等人本特征。这些特征给研究带来了许多障碍，研究人员必须面对更复杂、多变的问题。基于对真实的人的行为的研究得到的结论，才更具有可信度和解释力。

（2）住房市场微观主体行为的研究缺少有效数据的支持

研究数据的质量和数量在很大程度上决定了研究工作的深度和广度。由于二手房买卖居间服务过程常常持续数周甚至数月、跨越城市的多个区域。这个漫长和不连续的服务过程难以被完整地跟踪、观察和记录，传统的统计和市场调研的方法难以获得有关服务过程的详细数据。由于住房价值量巨大，住房市场的交易主体出于对自身隐私的保护，往往直接拒绝或不真实地参加市场调研，研究人员难以获得相关的研究数据。

[①] http://www.cnr.cn/2012zt/manyibumanyi/lingdiandiaocha/201206/t20120615_509924636.shtml.

在缺少研究数据的情况下，研究人员开始寻求仿真模拟的方法来解决数据缺失的问题。目前，系统动力学仿真和基于多主体的仿真方法应用最为广泛。在仿真过程中，研究人员可以构建大量市场主体参与住房市场活动，定义每个主体的行为法则，设定市场环境，让智能主体在不同的市场环境下进行活动，进行多轮运行，软件会自动收集动态仿真过程中的大量数据，然后研究人员基于这些数据开展相关研究。然而，无论是系统动力学仿真还是基于多主体的仿真等方法，都需要事先对个体的行为规则进行定义，仿真系统中的个体行为都是严格按照行为规则进行活动，这与现实情况不符。

（3）实验经济学方法逐步发展成熟，在许多领域得到了广泛的应用

自弗农·史密斯（Vernon Smith）的论文 "*An Experimental Study of Competitive Market Behavior*" 在 1962 年的《*The Journal of Political Economics*》期刊上发表（Smith，1962），到 2002 年诺贝尔经济学奖授予 Smith，标志着实验经济学被主流经济学界所接受，再到 2012 年诺贝尔经济学奖授予阿尔文·罗斯（Alvin Roth），Roth 研究所使用的正是实验经济学方法，这标志着实验经济学方法进一步发展成熟，并在市场设计等领域得到广泛的应用。此外，实验经济学方法论的不断发展，尤其是关于实验设计、被试[①]选择、软件开发与使用等，都为实验经济学方法应用领域的拓展扫清了障碍。

目前，实验经济学方法广泛应用于社会科学研究的各个领域。从学科上划分，实验经济学方法在经济、金融、心理、教育、政治、法律等许多学科都有应用。从研究对象上划分，实验经济学方法在博弈论、个体决策、市场机制设计、资本市场信息问题等许多方面研究中都发挥着重要作用。在本书研究所归属的房地产经济学领域，实验经济学方法也有涉及，少数学者进行了积极、有益的探索。

1.1.2 研究意义

1. 现实意义

（1）研究买方对二手房买卖居间行为的影响，为买方提供购房建议和指导，

---

① 被试：指实验中被测试的对象。

有助于改善买方所处的信息劣势地位，促进市场公平交易

研究买方对二手房买卖居间行为的影响，有助于改善买方的信息劣势地位。首先，研究买方选择经纪人的特征和经纪人佣金计算方式的影响，有助于买方找到合适的经纪人，并通过引入竞争机制来弥补自身信息劣势的不利影响。经纪人在竞争的环境下，其利用信息优势损害买方利益的可能大大降低；此外，合适的佣金计算方式也有助于从激励机制的角度来促使经纪人为买方提供优质的服务，促进买方利益的提升。其次，研究买方的信息传递策略的影响，有助于帮助买方合理确定传递信息的内容、数量和时机，既将必要的需求信息传递给经纪人，有助于经纪人更好地为买方服务，又避免将隐私信息不当传递，导致买方信息劣势的加深。

（2）研究买方对二手房买卖居间行为的影响，为买方提供购房建议和指导，有助于指导买方的住房搜寻活动，提高搜寻效率

研究买方对二手房买卖居间行为的影响，向买方提出应对措施和指导有助于避免买方不合理的住房搜寻行为，提高搜寻效率。首先，买方根据自身需求适当选择合适的经纪人和佣金计算方式，能够享受到最适合自己的经纪人服务。其次，买方应掌握与经纪人合作的注意事项和技巧，与经纪人建立互信、共赢的合作关系，以促进经纪人积极地为买方推荐住房和提供其他信息服务，减少经纪人搜寻不努力和欺诈行为的出现。第三，买方积极地与卖方进行议价，采取合理的议价态度和策略，并寻求经纪人在议价过程中进行斡旋，最终促成交易。第四，买方合理的购房决策行为体现在既不过于谨慎、迟疑不决，也不在不了解市场的情况下盲目决策，而是在权衡搜寻时间、搜寻成本、对住房的满意程度等方面，适当进行搜寻，从而使整个住房搜寻过程更加顺畅。

（3）研究买方对二手房买卖居间行为的影响，有助于政府部门为买方提供购房指导和帮助，也有助于经纪机构提高服务质量

研究买方对二手房买卖居间行为的影响，首先能够为政府部门的服务买方二手房搜寻工作提供科学的理论依据。买方二手房搜寻行为的影响因素众多，对搜寻过程和结果的影响较大，影响机理复杂（张红和张洋，2013），这些特点都给买方二手房搜寻行为的指导工作带来了困难，政府部门的指导工

作必须具有科学的理论依据，对买方的购房过程进行的实际调查，制定相关政策和设立相应指导机构等。其次，研究买方对二手房买卖居间行为的影响也有助于经纪人为买方提供指导。从根本上来说，经纪人只有以优质的服务协助买方搜寻到称心如意的二手房，才能获得长久、稳定和最大化的经营收益。尽管经纪人利益目标与买方利益目标存在一定的差异甚至冲突，但在减少搜寻持时、降低搜寻成本等主要方面两者的目标是一致的，所以经纪人应当为买方行为提供有效的指导。然而经纪服务机构的理论研究能力欠缺，有必要为其服务买方的工作提供理论依据。

（4）研究买方对二手房买卖居间行为的影响，有助于规范经纪人二手房买卖居间行为，促进二手房市场的健康发展

针对当前二手房市场存在的买卖居间行为不规范的现状，研究和规范二手房买卖居间行为有助于为相关政策的制定提供理论依据和政策建议。通过对二手房买卖居间行为及其影响因素的分析，深入、细致地了解居间服务的原理、过程和影响因素，从而为政府管理部门提供政策制定的理论依据和建议，有助于管理者制定出更合理、更有针对性的政策，从而有效地规范和管理经纪人服务。对于经纪服务机构来说，了解居间行为的影响因素，可以有效地提高工作效率，如调整信息收集、整理和加工的工作内容，提高经纪服务的针对性等，从而提高服务质量和服务效率。

2. 理论意义

（1）实验经济学方法招募真人参加实验，直接对"人"的行为进行研究，有助于丰富房地产经济学领域微观主体行为研究的成果

目前，房地产经济学领域对于市场微观主体行为的研究成果寥寥无几，究其缘由，最大的障碍是人们难以观察和记录市场微观主体的行为过程。二手房买方需求与二手房卖方的供给之间的搜寻匹配过程较为复杂，交易过程不但持续时间长，而且搜寻的频率也有差异。研究人员不可能时刻跟随者市场微观主体，来观察和记录他们的行为过程，即使研究人员全程跟随某类市场主体进行观察，被观察者也可能会因为研究人员的观察，而调整自己的决策行为，仍然难以深入探讨主体的行为规律。

实验经济学方法的特点之一是招募真人参与实验。研究人员从现实社会

招募学生、从业人员或其他人员参加实验，让他们在与现实市场环境相平行的实验环境下进行交易和决策，全方位记录他们的行为过程和特点。实验经济学方法非常适宜研究住房市场微观主体行为。研究买方对二手房买卖居间行为的影响时，经纪人的个体行为是被观察和研究的对象，然而由于现实二手房市场的经纪人行为难以观察，导致目前相关的研究寥寥无几。由于在实验环境下，经纪人的行为能够被跟踪、观察和记录，可以获取大量反映微观主体行为的研究数据，相关的研究能够得以深入开展。

（2）通过实验可以收集大量反映住房市场微观主体行为特征的有效研究数据

在缺少研究数据情况下，实验数据为相关研究提供了有效的支持。首先，实验数据是稳定的。实验具有可重复的，依照实验设计，在不同时间和地点所重复进行的实验会获得稳定的实验数据，尽管实验数据可能会有细小的差异，但一定规模的实验数据所呈现出的总体特征是稳定的。其次，通过优化实验设计能够提高实验数据的质量。在实验室中重现现实环境中的所有细节是徒劳的，但好的实验设计所追求的目标是使参与实验的人在实验环境与现实环境中所面临的决策环境是平行的、决策动机是一致的。巧妙的实验设计能够保证实验数据的质量和研究结论的可信度。

（3）探索研究住房问题的新方法，拓展实验经济学方法的应用领域

目前，房地产经济学领域的研究方法包括理论分析法、计量经济学方法和仿真模拟方法。其中，以计量经济学方法为主的实证研究应用最为广泛，仿真方法的应用呈快速增长的趋势。任何研究方法都有其优势与劣势，有其适用的范围。本书尝试以实验研究为基础，在房地产经济学领域进一步引入实验方法，探讨房地产经济学实验研究的路径与原则，为后续的实验研究提供参考和借鉴，有助于进一步完善房地产经济学领域的研究方法体系，具有一定的理论意义。

从实验经济学方法应用的角度来看，目前实验经济学方法已逐渐发展成熟，应用到许多研究领域。相比之下，实验经济学方法在房地产经济学领域的应用少之又少。本书尝试应用实验经济学方法研究买方对二手房买卖居间行为的影响，基于二手房和二手房交易的特点，自行设计和实施实验，探讨

在房地产经济学领域应用实验方法的步骤与要点，有助于拓展实验经济学方法的应用领域。

1.2 国内外研究现状及发展动态分析

本节主要对与本书研究最相关的二手房买卖居间行为研究和实验经济学方法在房地产领域内应用研究进行综述。

1.2.1 二手房买卖居间行为相关的研究综述

二手房买卖居间属于房地产经纪服务的一种，其相关研究主要包括：房地产经纪服务的影响和各因素对房地产经纪服务的影响两大类。

1. 房地产经纪服务的影响方面

（1）房地产经纪服务对住房搜寻效率的影响

经纪服务对住房搜寻效率影响方面的研究开展较早，学者们进行了大量的研究（Zietz 和 Newsome，2002；Elder、Zumpano 和 Baryla，2000；Hardin、Johnson 和 Wu，2009；Yavas 和 Yang，1995；Yavas 和 Colwell，1999），也有相关的文献专门对这方面的文献进行了总结（Zumpano 和 Baryla，2000；Zietz 和 Sirmans，2011），本书仅选择其中的代表性研究成果进行回顾。其中，Stevenson（2004）、Holly、Pesaran 和 Yamagata（2010）研究了房地产市场空间效率的变化情况及信息服务的影响。Huang 和 Rutherford（2007）研究了在 MLS 下，使用房地产经纪人与不使用房地产经纪人的差异。国内学者张红和林荫（2013）针对新建商品房市场，构建了"买方代理"模型，并应用该模型分析佣金计算方式对住房搜寻的影响，研究发现，合适的佣金计算方式和佣金额度，有助于激励经纪人更好地为买方服务，促进住房交易的顺利进行。陈嘉伟（2017）运用实验经济学的方法研究发现：1）市场信息不对称通过影响市场匹配优度以及市场搜寻成本影响住房市场搜寻效率，而住房信息服务能够减缓市场信息不对称现象，进而提高住房市场搜寻效率；2）从中介住房信息服务存在必要性方面，互联网自助交易平台并不能完全替代中介信息服务，中介信息服务实验组的住房市场搜寻效率显著高于后者。

（2）房地产经纪服务对住房搜寻持时的影响

这里所说的房地产经纪服务对住房搜寻持时的影响指的是经纪服务对买方搜寻持时的影响。从影响的结果看，大部分学者认为房地产经纪服务加速了买方搜寻信息的过程，从而缩短了买方搜寻持时；也有部分学者认为，经纪服务能够使买方搜寻更多的住房，扩大了买方搜寻的范围，反而导致买方搜寻持时的延长。

除经纪服务之外，学者们还探讨了网络技术使用、买方的购房经验、住房特征以及购房后的使用情况等因素对买方搜寻持时的影响。其中，普遍认为网络技术能够起到与经纪服务相似的影响，即扩大买方搜寻的范围，但对买方搜寻持时的影响方向不一（Baryla、Zumpano 和 Elder，2000；D'urso，2003；张红、李洋和谢娜，2013）。相比之下，对购房经验的认识较为一致，普遍认为购房经验有助于加速购房过程，从而缩短搜寻持时（Anglin，1997；周美伶和张金鹗，2005；郑思齐，2007）。此外，学者们对住房自身属性的特征、住房目前是否处于空置状态、购房者购房后是否使用等因素如何影响买方搜寻持时也进行了研究（Krainer 和 LeRoy，2002；Chernobai，2008；Chernobai 和 Hossain，2012）。与买方搜寻持时相对应，学术界从卖方角度也开展了有关售房持续时间及其影响因素的研究（Knight，2002；Rutherford 和 Yavas，2012；Albrecht 等，2007；Herrin、Knight 和 Sirmans，2004）。

（3）房地产经纪服务对住房搜寻成本的影响

住房搜寻成本的研究相对住房搜寻领域其他问题的研究更为困难，研究成果也相对较少。这主要是因为住房搜寻成本与买方个人特征和住房特征密切相关。在住房搜寻成本中，买方的时间成本和机会成本占了很大的比重，而不同收入、年龄和职业的买方，其时间成本和机会成本不同。针对这一问题，目前的研究中所涉及的搜寻成本基本上是以百分比的形式来表达搜寻成本的相对数量。例如 Shimizu、Nishimura 和 Yasushi（2004）测算的东京住房市场买方的搜寻成本为买方年均收入的13.2%。张晓光和张红（2009）的测算结果认为买方的交易信息成本为市场交易价格的19.1%。周鹏、张红和王默（2010）针对住房二级市场的研究结果表明，买方的信息成本为成交价格的13.65%。

以搜寻成本的度量为基础，一些研究对搜寻成本，尤其是信息成本的变化规律进行了研究（张红和林荫，2012；任放、张红和张晓光，2009；Fereidouni，2012）。

2. 各因素对房地产经纪服务的影响方面

（1）经纪人特征对房地产经纪服务影响

学者们对包括经纪人从业经验在内的许多经纪人特征的影响进行了研究，研究结果表明经纪人的工作经验对于住房搜寻服务效率有正相关的影响，即从业经验越丰富，服务效率越高，具体体现为缩短搜寻持时、节省搜寻成本等方面。其中，Benjamin、Chinloy 和 Winkler（2009）以经纪人的收入来表示其业务量，间接体现其服务质量。他们在研究经纪人特征对住房搜寻服务影响时发现，经纪人从业年限每增加 1 年，全职经纪人收入将增加 2.5%，兼职经纪人的收入将增加 1.2%。他们还发现，经纪人经验有助于提高住房搜寻服务效率，从业经验丰富的经纪人工作时间更少，但每小时的工作时间里，能够赚取比从业经验不足的经纪人高出 2.5% 的收入。他们还发现，在其他条件相同的条件下，那些把经纪人作为第一份职业的经纪人比转行从事经纪服务的人员的佣金收入要高出 10.8%。Waller 和 Jubran（2012）研究经纪人经验对住房交易的影响，首先将经纪人分为 2 年及 2 年以下从业经验和 10 年及 10 年以上从业经验两组，对比研究两组经纪人的住房交易结果，研究发现，"老手组"的住房成交价格要比"新手组"平均高 10%，而且比"新手组"的搜寻持时要短。

影响经纪人住房搜寻服务的个体特征还包括：经纪人性别、经纪人是否获得从业资格认证和经纪人受教育程度等（Guntermann 和 Smith，1987；Jud 和 Winkler，1998；Hsieh 和 Moretti，2003）。其中，在经纪人性别方面 Abelson、Kacmar 和 Jackofsky（1990）发现女性房产经纪人比男性房产经纪人的表现更好，而 Crellin、Frew 和 Jud（1988）；Sirmans 和 Swicegood（2000）；Jud 和 Winkler（1998）则发现男性更有性别优势。此外，Follain，Lutes 和 Meier（1996），Turnbull 和 Dombrow（2007）的研究成果表明性别对于经纪人业绩没有显著影响。在经纪人受教育程度方面，许多研究（Crellin、Frew 和 Jud，1988；Glower 和 Hendershott，1988；Abelson、Kacmar 和 Jackofsky，1990）

都认为经纪人受教育的程度与经纪人业绩有显著正相关关系，即受教育程度越高，经纪人的表现越好。Benjamin 等（2007）基于美国 1999 年的 6842 名经纪人的调研数据进行研究，结果发现经纪人受教育的程度和从业经验会显著降低经纪人的服务努力程度，但会显著提高住房搜寻服务的工作效率。相比之下，对于经纪人年龄影响方面的研究较少。

（2）经纪人佣金计算方式对房地产经纪服务影响

自 Yinger（1981）发表关于固定佣金方式下的经纪服务研究的论文以来，学术界对于各种住房经纪人佣金计算方式及其比较等问题开展了大量研究。其中，Yinger 的研究表明固定佣金计算方式不是一种高效率的佣金计算方式。（Zorn 和 Larsen，1986；Anglin 和 Arnott，1991）则重点研究了比例佣金方式，二者的研究均认为，比例佣金计算方式的激励效果也不理想。与批判比例佣金方式的研究相反，也有许多学者认为比例佣金方式具有很好的激励作用。Carroll（1989）的研究结果表明比例佣金方式能对经纪人产生很好激励作用，使经纪人积极响应卖方的要求。Arnold（1992）也认为比例佣金方式比固定佣金方式和底价销售佣金方式更有效率。Yavas（1996）考察了在不同佣金计算方式下经纪人的最优策略，结果表明，经纪人采用利润最大化策略时，在比例佣金方式和固定佣金方式下的二手房销售数量被最大化，但是买者和卖者的消费者剩余被最小化了，底价销售佣金计算方式导致较少的销售数量，但是买者和卖者获得了更多的消费者剩余。与之前的研究不同，Miceli、Pancak 和 Sirmans（2007）的研究表明比例佣金方式对于买卖双方都是无效率的，尽管如此，市场上的佣金计算方式还是难以被改变，只是在一些局部进行优化，如允许买方进入 MLS 系统，允许买卖双方就经纪人佣金进行谈判等。国内学术界对中国二手房市场的经纪人佣金计算方式的研究也在积极开展。陈艳莹和周娟（2010）、黄英、刘洪玉和刘琳（2005）、阮小健（2005）等从理论上分析对比了各种佣金方式的优劣。[①] 张红、陈玄冰和张洋（2015）运用实验经济学的研究方法，比较了不同佣金模式下的二手房市场效率，研究表明在"固

① 本段参考张红教授主持的国家自然科学基金面上项目：基于实验经济学的住房信息搜寻效率研究（71373143）申请书的文献综述部分撰写。本书作者在该项目申请和实施过程中承担主要工作，是除项目主持人外的第 1 参与人，且原申请书文献综述的撰写由本书作者独立完成。

定佣金＋超额比例"和"纯超额比例"佣金模式下，中介的积极性提高，二手房的成交价格和成交住房质量均上升。汪瑞（2017）利用区间直觉混合加权集结算子对群体意见进行综合集成，根据区间直觉模糊集排序函数对"固定比例""固定佣金＋超额比例""纯超额比例"三种主流佣金模式在经纪效率影响力方面进行排序，结论表明，在"固定比例＋超额比例"佣金模式下，二手房交易更有效率且更能满足社会效用最大化的原则。

1.2.2　实验经济学方法在房地产领域内应用的研究综述

1. 实验经济学方法在房地产领域研究中的应用

实验经济学应用于房地产领域的研究起步较晚，研究成果比较少，目前能够检索到的研究成果极少，但近两年的发展较快，大部分的研究成果发表于最近两年。下面对这些研究成果进行回顾。

Northcraft 和 Neale（1987）最早运用实验经济学方法研究房地产定价问题，即当人们进行定量估计某一物品的价值时，会将初始的定价作为参照值，并不自觉地赋予初始的定价过多的权重。Northcraft 和 Neale 招募学生和房地产经纪人阅读某房产的相关资料，并实地踏勘住房，然后要求他们对该房产进行估价，研究表明，该房产的初始标价（Listing Price）对最终的估价有较大影响，符合锚定与调整法则（Anchoring and Adjusting）。

由于实验经济学方法自身尚未发展成熟，房地产异质性、固定性和唯一性等特征更是增加了应用实验经济学方法的难度，房地产领域的实验研究沉寂了很长时间。直到 2001 年，新的房地产领域的实验研究成果才出现，Yavas、Miceli 和 Sirmans（2001）借用实验经济学领域的经典实验："讨价还价"（Bargaining）实验来研究经纪人对房地产交易中的议价过程的影响。他们尽管没有真正解决在实验中引入房地产产品异质性的问题，仍是将房地产视为一般商品，但巧妙地通过改变买卖双方的底价信息设计来体现房地产商品的异质性。他们通过对比有经纪人参与组和无经纪人参与组的议价过程，发现经纪人的参与会使成交价格显著提高、议价成功率显著降低、议价时长显著延长。因此，他们得出结论，认为经纪人的作用更多体现在议价之前的匹配环节，而议价过程中经纪人的作用并不显著。

随着实验经济学学科的发展成熟，实验经济学在房地产、管理、法律等领域的应用越来越广泛，房地产领域的实验研究也受实验经济学方法发展趋势的影响，呈现出了加速发展的态势，2002年之后，研究成果不断涌现。新加坡学者Ong等（2003）基于经济学实验研究寡头开发商的市场行为。研究结果表明：1）寡头开发商在住房商品定价时最关心的是其他竞争者的定价策略；2）房地产投资者购买期房时会充分考虑预期房价和租金水平，当房地产投资者对预期房价没有判断时，一般会放弃购买期房；3）开发商的最优定价策略是选择能与其他开发商能产生竞争激烈局面的价格，而不是过分高于或低于他开发商定价的激进或者保守的定价；4）利润最大化策略是最优的土地竞拍策略和最优的定价策略的组合，二者缺一则不能产生最大的利润。

之后，Yavas和Simans（2005）采用实验方法来研究房地产领域的实物期权理论问题。由于实物期权理论所涉及的数据很难获取，所以在此之前的实证研究较少对此进行研究。Yavas和Sirmans采用实验生成稳定可靠的实验数据，通过实验数据进行分析。他们的实验结果表明，实物期权理论的基本观点与个体投资者的行为没有直接关联，但是当个体投资者必须与其他投资者竞争投资权的时候，个体投资者的投资普遍反映出内含期权的价值。此外，实验结果还验证了个体投资者的投资随着未来投资收益（现金流）不确定性的增加而增加。

最近，Ikromov和Yavas（2012）采用实验对比了房地产和资本市场的周期变化。实验研究结果表明：1）交易费用并没有加重市场无效率的状况。相反，交易费用减少了泡沫的发生和泡沫的大小，并使价格与基础价格更接近；2）越是具有可除性的资产，交易价格与基础价格的差距越小；3）短期卖空限制使交易者不降价和延长泡沫。放松短期卖空限制，将降低价格，但是并没有导致价格接近基础价格；4）资本市场比房地产市场更有效率，房地产市场实验表现出了更大的交易价格与基础价格的偏离，更长的繁荣和衰败周期和更小的成交量。

Sahin、Sirmans和Yavas（2013）在最新的实验研究中，利用Yavas、Miceli和Sirmans在2001年设计的实验，对比研究了两种买方经纪人代理模式。在第一种模式中，买方代理和卖方代理在住房交易之后，都向卖方收取佣金，佣金数额为成交价格的一定比例；在第二种模式中，卖方代理仍然按成交价格的一定比例向卖方收取佣金，但买方代理向买方收取佣金，同时向卖方收取成交价格的反比例佣金，即成交价格越高，买方代理向卖方收取的佣金越低。研究发现，买方代理向买方收取的佣金对其服务行为和结果产生了显著的影响。两种模式在促成交易的概率方面基本相同，采用第二种模式的成交价格更低，但促成交易的时间更长，而且买方和买方代理之间的协作更紧密。他们的研究还发现，女性买方比男性买方更容易与买方代理形成良好的协作关系。此外，卖方的初始标价越高，买方的初始出价越高，则成交价格越高。

除新加坡国立大学的 Ong 和美国威斯康星大学 Yavas 研究团队尝试在房地产领域应用实验经济学方法之外，美国威廉玛丽学院的学者 Machel J. Seiler 及其团队也尝试采用问卷实验、神经经济学实验等方法研究房地产领域相关问题，他们最近的研究成果较为突出。Seiler 等采用实验方法主要研究了房地产市场的"策略性违约"（Strategic Default）（Seiler 等，2012）、经纪人服务（Seiler，Madhavan 和 Liechty；2012）、信息传递（Seiler；2012）等问题。由于 Seiler 及其团队的研究工具方面与本书所采用的实验工具存在一定的差异，主要采用基于网络的网络问卷实验和借助脑电波测试、眼球记录等仪器开展，这里不对其研究成果展开讨论。

国内一些学者也在住房领域应用实验经济学方法方面进行了积极的尝试，主要是清华大学张红教授及其研究团队对房地产经济学教学和房地产领域信息问题进行研究。张红和张洋（2012）研究了房地产经济学实验教学的可行性和实施步骤，并以房地产泡沫理论实验教学为例进行了实践探索。张洋和李瑞（2013）的研究结果表明：1）开展房地产经济学实验教学有助于学生理解抽象的房地产经济学理论，增强学生对现实房地产经济过程的感性认识，调动学生的学习兴趣和提高学生在实践中综合运用知识的能力；2）房地产经济学实验教学应当注意理论内容的选择和实验时间的控制；3）实验教学设计应以检验实验问题为目的，合理确定实验变量、交易机制、激励机制和实验分组等。

此后，张红和张洋（2013）又以住房搜寻实验为例，进一步地介绍了如何使用 z-Tree 实验软件开展房地产经济学实验教学。张红、孙煦、金涛（2016）设计二手房交易实验，研究了二手房议价持时的影响因素，研究表明：二手房议价持时与卖方经验、中介经验、价格偏离度、卖方积极度和时间压力成反比，与买方经验成正比，与买方积极度和成交价格无显著关系。（张红、张洋和 Seiler，2014）还基于网络的实验引入房地产领域的教学，探索建立了基于课堂讲授（Lecture）、实验室实验（Lab-based Experiment）和网络实验（Wab-based Experiment）的混合式教学（Blended Learning）方式。除探讨房地产实验教学外，房地产市场信息问题是该团队的另外一个重点研究问题（张红、张洋和 Seiler，2014；张红、张洋和李瑞，2013；张红和张洋，2013；张红和张洋，2014）、孙煦（2015）研究发现住房信息搜寻效率受到信息搜寻的主体因素、客体因素、载体因素和环境因素的共同影响，提高投入要素的利用和转化效果，在相同的投入水平下获得更好的搜寻产出，有助于提高住房信息搜寻效率。张红、李林峻和李维娜（2017）的研究表明：1）中介价格信息掌握程度对买方议价效率没有显著影响；2）提高中介价格信息掌握程度能够显著提升卖方议价效率、中介议价效率和总体议价效率。李林峻（2017）通过实验设计，探究了价格信息对住房市场搜寻效率的影响，研究表明，价格信息公开传递机制的存在能够显著提升住房市场搜寻效率。

近年来，不少学者将实验经济学运用于房地产政策研究中。廖玉玲，洪开荣和张亮（2015）利用实验经济学研究房地产征地补偿问题，研究结果表明，当实验中存在第三方时，其对于不公平分配的惩罚力度将比只有第二方时更大，从而导致房地产征地补偿分配具有更高的公平性，分配方与受分配方的合作也会更加理想。何琴（2015）对多种公共租赁住房匹配机制进行模拟实验，得出顶层交易循环机制表现最优的结论。邓红平和罗俊（2016）在实验室模拟我国公租房匹配情景，实验结果表明，G-S 机制不仅能促使被试真实表达自己的偏好，而且是比 IIRSD 机制更公平、更有效率的设计。卜国琴和闫晓旭（2017）还通过实验模拟房产交易，得出结论：1）房产价格泡沫主要产生于交易者的"竞争非理性"，增加交易费用、单方面征收房产税对房产泡沫的抑制作用并不明显，限贷、提高首付比例等政策可较为有效地抑制房产泡沫；2）房产政策的"组合拳"往往对抑制泡沫更为有效。

2. 实验经济学方法在资产市场等相关领域研究中的应用

房地产市场是资本密集型市场，资本市场的研究与房地产市场的研究存在千丝万缕的联系，资本市场的实验研究成果对于本书的研究具有重要的借鉴意义。Forsythe 和 Lundholm（1990）采用实验经济学方法研究了资产市场的有效性问题；Hess（1972）、Williams（1987）、Friedman（1991）、Cason，Gjerstad 和 Schnitzlein（1996）、Cason 和 Friedman（1997）、Cason 和 Friedman（1996）、Gjerstad 和 Dickhaut（1998）、Schnitzlein（2002）等主要研究了资本市场的价格形成问题；Smith，Suchanek 和 Williams（1988）、Peterson（1993）、Porter 和 Smith（1995）、Ackert 和 Church（2001）、Lei，Noussair 和 Plott（2001）等则主要探讨了资本市场价格波动等方面的问题。国外实验经济学方法在其他领域的应用成果较多，且增长迅速，这里不展开讨论。

国内方面，实验经济学方法的应用也越来越广泛。其中，与国外情况相似，资本市场的实验研究开展较多，如高鸿桢和林嘉永（2005），林树和周建（2006），林树和俞乔（2010），王海巍（2014），宋宁（2017），周耿、姜雨潇、范从来和王宇伟（2018），尹海员和华亦朴（2018）。此外，在博弈论和信息问题（李翔，2011；朱宪辰、李妍绮和曾华翔，2008；周业安和宋紫峰，2011；黄国宾和周业，2014；安陆海，2016；张元鹏和张皓辰，2017；薛晓蕾，陈雨生，Phetphanthong Sommaii 和李中东，2018）、公共品资源分配方面（周业安和宋紫峰，2008；陈叶烽、周业安和宋紫峰，2011；海晶晶，2018）、农业养殖方面（潘丹，2017；刘玮、康思敏和杨倩琳，2018）、个体行为方面（周业安、左聪颖、袁晓燕，2014；蒋东明，2016）也有所进展。

此外，实验经济学方法在博弈论、讨价还价、资源分配等其他领域已得到了较为广泛的应用，这些研究中的实验框架、设计思路等对于本书的研究有着重要的借鉴意义。

1.2.3　国内外研究现状分析小结

目前，学术领域对房地产经纪人服务的影响和影响房地产经纪人服务的影响因素方面的研究成果较丰富（表1.1）。但总体来说，"结果性"的研究多，

"过程性"的研究相对较少。目前，无论经纪人服务的影响研究，还是影响经纪人服务的研究，都主要是基于经纪人服务完成时点的结果性分析，极少涉及经纪人服务的微观动态过程，始终将经纪人服务的过程作为"黑箱"处理，直接关注经纪人服务的投入与产出状态。

房地产经纪人服务相关研究文献综述 表 1.1

分类	研究内容	研究方法	代表性文献
经纪人服务的影响	对住房搜寻效率的影响	计量、仿真	Elder、Zumpano 和 Baryla（2000）; Zietz 和 Newsome（2002）; Li 和 Wang（2006）; Hardin、Johnson 和 Wu（2009）; 张红和林荫（2013）; 陈嘉伟（2017）
	对住房搜寻持时的影响	计量、仿真	Herrin、Knight 和 Sirmans（2004）; Albrecht 等（2007）; Rutherford 和 Yavas（2012）; Chernobai（2008）; Chernobai 和 Hossain（2012）; Torrens（2007）; Ettema（2011）; 郑思齐（2007）; 张红，周鹏和林荫（2012）; 张红，李洋和谢娜（2013）
	对住房搜寻信息成本的影响	计量、仿真	Shimizu、Nishimura 和 Yasushi（2004）; Kumbhakar 和 Parmeter（2010）; 张晓光和张红（2009）; 任放、张红和张晓光（2009）; 周鹏、张红和王默（2010）; 林荫和张红（2010）; 张红和林荫（2012）
影响经纪人服务的因素	经纪人特征对经纪人服务的影响	计量	Sirmans 和 Swicegood（2000）; Jud 和 Winkler（1998）; Hsieh 和 Moretti（2003）; Turnbull 和 Dombrow（2007）; Benjamin 等（2007）; Benjamin，Chinloy 和 Winkler（2009）; Waller 和 Jubran（2012）
	佣金计算方式对经纪人服务的影响	计量、仿真	Yinger（1981）; Zorn 和 Larsen（1986）; Anglin 和 Arnott（1991）; Carroll（1989）; Arnold（1992）; Yavas（1996）; Miceli、Pancak 和 Sirmans（2007）; 黄英、刘洪玉和刘琳（2005）; 阮小健（2005）; 陈艳莹和周娟（2010）; 张红、陈玄冰和张洋（2015）; 汪瑞（2017）

当前研究没有深入到经纪人服务微观过程的最主要的原因之一是缺乏有效的研究数据。由于经纪人服务的微观过程常常持续数周、数月、甚至几年时间，而且搜寻范围往往跨越城市的多个区域，经纪人服务的过程难以被跟踪、观察和记录，传统的统计和市场调研的方法难以获得有关服务过程的详细数据。目前国内外的相关研究多采用传统的计量经济学方法，然而计量方法需要大量的研究数据的支持，所以研究数据的缺乏在很大程度上阻碍了研究人员对经纪人服务过程的探索。

近年来，仿真方法越来越多地被应用于经纪人服务领域的研究中（Torrens，2007；Devisch、Timmermans 和 Arentze，2009；Ettema，2011）。然而，无论是系统动力学仿真还是基于多主体的仿真等方法，都事先对个体的行为规则进行定义，缺少对人的非经济人特征的体现。

　　另一方面，房地产相关的实验研究成果较少，但发展迅速。已有的研究成果涉及经纪人服务、买卖双方议价、土地拍卖、房地产抵押贷款策略性违约、住房市场信息问题、房地产政策等领域（表1.2）。但综合当前国内外房地产领域的实验研究成果，发现房地产领域的实验研究受到房地产异质性的阻碍，即在实验中很难体现房地产的多属性特征，已有的研究成果也大都采取了"回避"策略，或研究与房地产异质性关联度不大的研究主题，或直接假设房地产市场中的物业是同质的。本书将在实验设计及实施中尽可能地考虑房地产异质性特点，引入更多的属性，以使实验结论更具有可信度和说服力。

房地产领域实验研究文献综述　　　　　　　　表 1.2

分类	研究内容	代表性文献
房地产领域实验研究	经纪人服务、议价	Yavas、Miceli 和 Sirmans（2001）；Yavas 和 Simans（2005）；Ahmeda 和 Hammarstedt（2008）；Ikromov 和 Yavas（2012a，2012b）；Sahin、Sirmans 和 Yavas（2013）；张红、孙煦、金涛（2016）
	土地拍卖	Ong 等（2003）；Gwin、Ong 和 Spieler（2005）；Devos、Ong 和 Spieler（2007）
	房地产抵押贷款策略性违约	Seiler（2012）；Seiler、Madhavan 和 Liechty（2012a）；Seiler、Madhavan 和 Liechty（2012b）；Seiler、Seiler 和 Lane（2012）；Seiler 等（2012）；Seiler（2014）
	经纪人服务、住房市场信息问题	张红和张洋（2012）；张红和张洋（2013）；张红、张洋和 Seiler（2014）；张红，张洋和 Seiler（2014）；张红，张洋和李瑞（2013）；张红和张洋（2013a）；张红和张洋（2013b）；张洋（2014）；孙煦（2015）；张红、李林峻和李维娜（2017）；李林峻（2017）
	房地产政策	廖玉玲（2015）；何琴（2015）；邓红平和罗俊（2016）；卜国琴和闫晓旭（2017）

1.3　研究对象与视角

1.3.1　研究对象

　　本研究对象是经纪人的二手房买卖居间行为以及买方因素的影响。经纪人是二手房市场交易的主要推动者，因为买卖双方通常是缺乏二手房交易的信息、知识等，买卖双方需要在经纪人的协助下进行搜寻、匹配、评价和决策，尽管最终的决策者是买方和卖方，但经纪人对于二手房交易过程和结果的影响是显著的。因此，研究和规范经纪人的二手房买卖居间行为对于促进二手房市场效率的提高无疑具有重要的积极作用。此外，买卖双方会随着交易的结束退出市场，而经纪人会不断参与新的二手房交易，在买方、卖方和经纪人这三方中，对于经纪人行为的规范便于开展，对于买方和卖方则可以给予一些建议和指导。

经纪人的二手房买卖居间行为主体是从事二手房买卖居间业务的经纪人。行为客体是可以被推荐和交易的二手房。行为环境是特定的二手房供需市场的客观环境。行为手段是经纪人从事二手房买卖居间业务的工具和方式。行为结果是二手房交易结果。一般来说，二手房买卖居间行为主要包括：1）登记和发布房源信息；2）协助买方搜寻住房；3）斡旋议价；4）协助签约；5）代办过户、贷款等手续；6）物业交割；7）结算和回访[①]。

本研究范围为上述七个环节的2），即经纪人协助买方搜寻住房这个环节。因为这个环节是整个二手房买卖居间服务范围中持续时间最长、消耗资源最多、不确定性最大、竞争最为激烈的服务环节。相比之下，其他的六个环节，不确定性较小，基本上是按部就班"走程序"的事务性服务工作，有规范的操作程序和流程，这些环节的服务行为对二手房交易过程和结果的影响较小，所以本书暂不研究除协助买方搜寻住房之外的其他环节。

对于斡旋议价环节，事实上也是有一定的不确定性，经纪人的斡旋工作可能对二手房交易结果产生一定的影响。Yavas、Miceli 和 Sirmans（2001）曾通过实验来研究经纪人对房地产交易中的议价过程的影响，他们的研究结果显示经纪人的作用更多体现在议价之前的匹配环节，而议价过程中经纪人的作用并不显著，所以本书主要研究经纪人在搜寻过程中的行为，限于篇幅，本书不研究斡旋议价过程中的经纪人服务行为。

需要强调的是笔者重点研究的经纪人二手房买卖居间行为，并不是一个一次性的、单向的行为过程，而是了解买方需求、推荐二手房给买方、买方评估该二手房并给予经纪人反馈，经纪人调整推荐方案再推荐，买方再评估、

---

① 此部分内容根据北京链家房地产经纪有限公司的服务项目和流程整理而得。

再反馈、经纪人再推荐的不断循环的过程。而且这种循环过程可能不是连续进行的，其结束的条件也不一样。

1.3.2 研究视角

本书研究基于买方视角开展，即以保护买方正当利益为出发点和落脚点。从买方角度，将买方搜寻二手房的过程描述如图 1.1 所示。

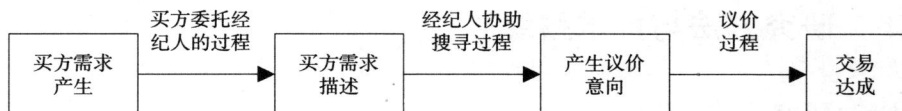

图 1.1 买方搜寻二手房过程

在图 1.1 中，整个买方搜寻二手房的过程被分为三大过程：买方委托经纪人的过程、经纪人协助买方搜寻二手房的过程和买卖双方的议价过程。买方与经纪人共同完成搜寻二手房的复杂、漫长的二手房搜寻的过程实质上是买方与经纪人的动态交互过程。在这个过程中，买方是二手房搜寻的发起者、决策者和终结者，但买方往往缺乏搜寻二手房的知识与经验，只掌握很少二手房市场的相关信息，缺乏决策所需要的信息基础，需要经纪人为其提供以信息服务为主的居间服务。尽管买方拥有决策权，尽管经纪人会在服务过程中对买方"毕恭毕敬"，但从信息不对称的角度看，买方处于绝对的信息劣势地位，往往利益受到损失的是买方。

从买方的角度来看，买方希望能够尽可能地保护自身的利益，提高二手房搜寻的投入与产出比。然而，二手房搜寻效率的决定权又不完全掌握在买方手中，因此买方希望通过调整自己的行为和决策，间接影响经纪人的二手房买卖居间服务行为，以达到自身二手房搜寻效率的最大化。

一般来说，买方能够影响经纪人行为的决策主要包括两大类：一类是买方在二手房搜寻之初的委托经纪人的决策（图 1.1 中的买方委托经纪人过程中的决策），如委托经纪人的类型（如性别、年龄、学历、经验）、佣金计算方式等；另一类是买方在与经纪人交互的过程中（图 1.1 中的经纪人协助买方搜寻过程）向经纪人传递的信息，如需求偏好信息、支付意愿信息、购房时限信息等。本书即是基于买方的视角，研究买方的这些行为和决策，会对经纪人的二手房买卖居间行为产生何种影响，最终又会如何影响到二手房搜寻的最终结果。然后，根据研究结论，向买方提出应对经纪人的应对措施，以期为保护买方的正当利益，促进二手房市场公平、顺畅交易提供理论依据。

1.4 研究方法与技术路线

1.4.1 研究方法

本书拟在市场调研的基础上重点采用实验经济学方法研究买方对二手房买卖居间行为的影响。本书基于以下原因选择实验经济学方法：

（1）能够通过实验获取有效的研究数据，解决其他方法难以获取反映二手房买卖居间过程数据的难题。由于二手房买卖居间过程常常持续很长时间、跨越城市的多个区域，这个过程难以被完整地跟踪、观察和记录，传统的统计和市场调研的方法难以获得有关服务过程的详细数据，仿真模拟的方法所获得的数据又缺少对人类真实决策特征的反映。数据收集方法中，目前应用最广泛和有效的获取数据的方法是问卷调查方法。然而，本研究只采用问卷调查的方法收集实验设计所需的研究数据，对于买方对二手房买卖居间行为影响研究所需要的研究数据难以通过问卷调研收集到。问卷调查方法具有针对性强、易于统计的优点，在各个领域的研究中，广泛采用。然而问卷调查方法也存在一定的局限性：一是被调查者往往故意隐瞒自己的私人信息，如收入、已发生的非理性行为等；二是被调查者有时在一些抽象度较高的问题上难以准确表达真实想法；三是调查结果与个人利益没有关联，没有动机去认真完成问卷调查。

（2）能够更有效地剔除其他因素影响，分析买方对二手房买卖居间行为的影响。利用实验经济学方法设置对比实验组，可以构建"除买方影响因素不一样之外，其他方面完全相同"的实验环境，在这种情况下，两组实验数据的差异由两组实验唯一的差异（买方因素）所导致，可以通过直接比较两组实验数据得出研究结论,能够更有针对性地研究买方因素对二手房买卖居间行为的影响。相比之下,在现实市场中获取的研究数据,是在特定时间、特定空间条件下,受许多因素同时影响的情况下形成的数据。所收集到的数据是特定的、唯一的、不可复制的,然后再采用计量方法分析某一个影响因素对二手房买卖居间行为的影响,研究结论受计量模型形式的影响很大。

(3)能够利用实验经济学方法检验应对措施的实施效果。传统方法对于新应对措施实施效果的预测一般是定性的分析,且难以预判措施实施过程中可能发生的问题。通常是等待应对措施等实施一段时间,收集到相关数据之后,才能够定量测算应对措施的实施效果。通过实验设计,构建应对措施实施前的市场环境,然后将应对措施等通过实验设计调整和参数的改变,输入到实验市场环境中,并观察和记录真实的人(被试)对于新应对措施的反应和行为,以此检验应对措施的实施效果。目前,也有部分学者运用仿真模拟的手段预测应对措施的实施效果,但他们通常是先主观确定新政策实施后行为主体的反应,然后再制定出其行为规则,最后得出政策实施效果。而事实上,新政策实施后的行为主体的反应是未知的,难以准确描述。

本书拟进行一系列实验,具体的实验名称和目的如表 1.3 所示。

实验一览表 表 1.3

序号	实验名称	实验目的
实验 1	经纪人特征对二手房买卖居间行为影响实验	研究买方影响因素对二手房买卖居间行为的影响
实验 2	佣金计算方式对二手房买卖居间行为影响实验	
实验 3	买方支付意愿信息传递对二手房买卖居间行为影响实验	
实验 4	买方购房时限信息传递对二手房买卖居间行为影响实验	
实验 5	应对二手房买卖居间行为的应对措施实施效果检验实验	开展应对措施实施效果的实验研究

1.4.2 技术路线

本研究的技术路线如图 1.2 所示。

```
┌─────────────────────────────────────────────────────────────────┐  实
│  ┌──────────────────────┐    ┌──────────────────────────┐        │  验
│  │ 二手房买卖居间服务市场调研 │    │ 实验经济学理论及经典实验学习 │        │  框
│  └──────────────────────┘    └──────────────────────────┘        │  架
│          ┌────────────────────────────────────────┐              │  构
│          │   二手房买卖居间行为研究的实验框架构建    │              │  建
│          │ （主体客体，实验规则，实验步骤，被试选择） │              │
│          └────────────────────────────────────────┘              │
└─────────────────────────────────────────────────────────────────┘
┌─────────────────────────────────────────────────────────────────┐  行
│  ┌──────────────────────────┐  ┌──────────────────────────┐      │  为
│  │ 买方委托经纪人因素影响的实验分析 │  │ 买方信息传递因素影响的实验分析 │      │  影
│  │ ●经纪人特征影响（实验1）    │  │ ●买方支付意愿信息传递影响（实验3）│   │  响
│  │ ●佣金计算方式影响（实验2）  │  │ ●买方购房时限信息传递影响（实验4）│   │  因
│  └──────────────────────────┘  └──────────────────────────┘      │  素
│  ┌──────────────────────────┐  ┌──────────────────────────┐      │  实
│  │ 买方委托经纪人影响的结论    │  │ 买方信息传递影响的结论      │      │  验
│  └──────────────────────────┘  └──────────────────────────┘      │  分
└─────────────────────────────────────────────────────────────────┘  析
┌─────────────────────────────────────────────────────────────────┐  措
│      ┌────────────────────────────────────────────┐             │  施
│      │     提出应对二手房买卖居间行为的措施          │             │  实
│      │（买方委托经纪人方面的措施，买方信息传递方面的措施）│          │  施
│      └────────────────────────────────────────────┘             │  效
│          ┌────────────────────────────────────┐                 │  果
│          │  应对措施实施效果的检验实验（实验5）   │                 │  的
│          └────────────────────────────────────┘                 │  实
│             ┌──────────────────────┐                            │  验
│             │   提出最终的应对措施   │                            │  检
│             └──────────────────────┘                            │  验
└─────────────────────────────────────────────────────────────────┘
```

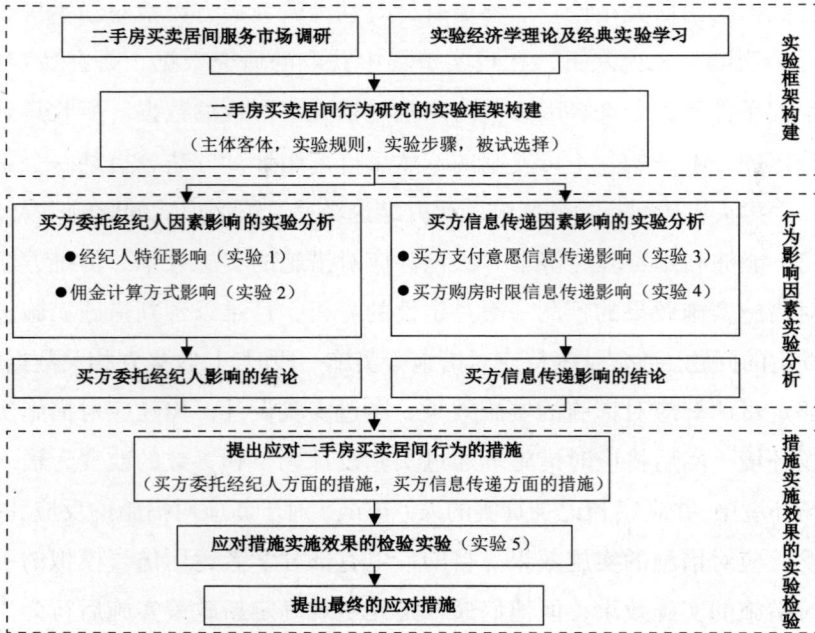

图 1.2　技术路线图

第 2 章
房地产经纪人行为

这里对"二手房买卖居间行为"的含义进行界定。然后，通过构建、求解二手房买卖居间行为研究的理论模型，识别二手房买卖居间行为的影响因素，并重点分析了买方委托经纪人和买方信息传递这两大方面的影响因素，为后文的实验框架构建、影响因素的实验分析和应对措施的实验检验工作奠定理论基础。

2.1 二手房买卖居间行为

2.1.1 二手房买卖居间

二手房买卖居间指由独立经纪人提供的，以收取佣金为目的的，促成买卖双方达成二手房交易的服务活动。我国《合同法》第四百二十四条规定："居间合同是居间人向委托人报告订立合同的机会或者提供订立合同的媒介服务，委托人支付报酬的合同。"（《中华人民共和国合同法》，1999）。

居间服务与代理服务不同。代理服务中，代理人经纪人只为一个委托人（买方或卖方）服务，而且是代表委托人利益进行活动。相比之下，居间服务只是"撮合"其不代表买方或卖方中的一方利益进行活动，追求的是自身收益最大化。在美国存在买方代理模式，经纪人作为买方代理时，则是为买方提供代理服务，代表买方利益与卖方代理或卖方进行交易。

目前，在我国二手房市场上，房地产经纪人普遍提供的都是居间服务，与买卖双方订立的是居间合同，当居间人成功促成合同订立，委托人应当向居间人支付报酬。同时《合同法》第四百二十七条规定："居间人未促成合同成立的，不得要求支付报酬，但可以要求委托人支付从事居间活动支出的必要费用。"（《中华人民共和国合同法》，1999）。遵守这一规定，目前我国二手房市场上，经纪人在促成买卖双方达成交易之前，一般不收取佣金，佣金只在买卖双方达成交易的同时或之后收取。按照目前市场上的惯例，一般经纪人只向买方收取佣金。尽管经纪人只向买方收取佣金，但事实上佣金是由买卖双方共同承担的，因为通过住房价格的调整可以实现佣金在买卖双方之间的分配。

买方在成交之后向经纪人支付佣金的制度安排，导致了我国二手房市场的两个特点。一是卖方会同时寻找多家经纪人为其销售住房。由于卖方不支付佣金，所以卖方为了加快销售住房的速度和引起经纪人之间的竞争，会将其准备出售的住房同时委托给多个经纪人。二是买方会同时寻找多家经纪人为其推荐住房。由于买方在成交之前不用支付佣金，成交之后，只需要向其中一家经纪人支付佣金，所以买方也是为了加快购房速度和引起经纪人之间的竞争，会寻找多家经纪人为其提供服务。

2.1.2　二手房买卖居间行为

从行为的五个基本要素来分析二手房买卖居间行为。经纪人的二手房买卖居间行为主体是从事二手房买卖居间业务的经纪人从业人员。行为客体是可以被推荐和交易的二手房。行为环境是特定的二手房供需市场的客观环境。行为手段是经纪人从事二手房买卖居间业务的工具和方式。行为结果是行为主体预想的行为与实际完成行为之间相符的程度，即二手房交易结果。

二手房买卖居间服务行为主要包括：1）登记和发布房源信息。主要包括：搜集房源信息、房源勘验及市场评估服务、登记和发布房源信息、制定销售方案、提供交易信息服务等工作。2）协助买方搜寻住房。经纪人了解买方对住房的基本需求、需求偏好、支付能力、支付意愿等，然后根据买方的需求信息，选择合适的住房，推荐给买方，并带领买方实地踏勘其有兴趣的住房。3）斡旋议价。若买方对踏勘的住房比较满意，有意与卖方进行议价，则由经纪人安排买卖双方进行议价，并提供必要的场地、信息咨询等服务。4）协助签约。若买卖方议价成功，经纪人协助双方签订房屋买卖合同。5）代办过户、贷款等手续。经纪人协助买卖双方办理税费缴纳、房产解押及抵押代办服务、银行商业贷款代办服务、转按揭代办服务、住房公积金贷款代办服务、权属登记等手续。6）物业交割。组织买卖双方对房屋进行交割，确保房屋交接顺利。7）结算和回访。结算经纪人佣金，并对客户进行回访，了解客户满意度，发掘潜在新客户。

2.2 二手房买卖居间行为的影响因素识别

2.2.1 理论模型

在二手房市场中，存在严重的信息不对称，相比较经纪人，买卖双方处于信息劣势，经纪人拥有大量信息，处于信息优势（Mantrala 和 Zabel，1995；Borgers，2009）。买卖双方分别与经纪人之间存在委托代理关系。由于买方缺乏二手房市场相关信息，而经纪人掌握二手房市场相关信息，所以设定买方是委托人，经纪人是代理人。买方向经纪人支付佣金，而经纪人为买方提供服务。卖方与经纪人之间也构成类似的委托代理关系，卖方是委托人，经纪人是代理人。买方与卖方委托同一经纪人提供服务时，双重的委托代理关系实际上可以看作是一种居间关系。根据 Hart 和 Holmström（1986）构建的经典委托代理模型框架，借鉴张维迎（2006）、骆品亮和陆毅（2006）的委托代理模型构建过程，构建理论模型如下：

假设买方是委托人 1，卖方是委托人 2，经纪人是买卖双方的共同代理人。

假定委托任务的完成既取决于经纪人所付出的搜寻努力，同时也受到外界条件（如二手房市场供需状况、政策环境等）的影响。设经纪人为完成买方的任务付出的努力为 a_1；经纪人为完成卖方的任务付出的努力为 a_2。因买卖双方处在同一环境下，所以共同的环境变量为 θ，服从均值为 0，方差为 σ^2 的随机正态分布（张春霖，1995）。基于以上分析，设定经纪人为买方和卖方服务的产出函数分别为 [①]：

$$X_1 = \mu_1 a_1 + \theta$$
$$X_2 = \mu_2 a_2 + \theta$$

（2-1）

其中：μ_1 为与努力变量 a_1 有关的经纪人服务努力效率系数；μ_2 为与努力变量 a_2 有关的经纪人服务努力效率系数。

[①] 基于以下两个原因，这里采用线性方程。首先，线性方程更简单，有助于后文模型求解。其次，在短期内，经纪人的服务水平和效率不会发生太显著的变化。

经纪人完成委托人（买方和卖方）任务为委托人创造的单位价值分别为 V_1 和 V_2，为了简化分析，假设 $V_1=V_2=V$，因此买方和卖方的产出效用函数分别为：

$$v(X_1) = VX_1 = V(\mu_1 a_1 + \theta)$$
$$v(X_2) = VX_2 = V(\mu_2 a_2 + \theta)$$

（2-2）

目前，我国二手房经纪服务市场大多采取买卖双方达成交易后，由买方、卖方或买卖双方以固定费率模式支付经纪人服务佣金。由于卖方可以通过调整二手房售价转嫁卖方所需要支付的佣金，所以无论以何种方式支付，佣金实际上是由买卖双方共同承担的，并受到市场供需状况的影响。综上分析有：

$$S(X_1, X_2) = \beta_1 X_1 + \beta_2 X_2$$

（2-3）

其中：β_1、β_2 为经纪人对产出的收益分享系数。

经纪人为客户搜寻合适的交易对象的过程需要付出搜寻成本，考虑到边际搜寻成本递增的现象，所以设置经纪人的搜寻成本函数为二次函数为：

$$C(a_1, a_2) = \frac{1}{2} b_1 a_1^2 + \frac{1}{2} b_2 a_2^2 - tb_0 a_1 a_2$$

（2-4）

其中：b_1、b_2、b_0 是成本系数；t 是经纪人为买方服务与为卖方服务内容的相关系数，考虑买卖双方委托的搜寻任务间存在互补关系，所以设 $t \in [0,1]$，$t=0$ 表示委托任务相互独立，$t=1$ 表示委托任务完全互补（张维迎，2006）。

假设买方和卖方是风险中性的，而经纪人是风险规避的。假定经纪人的效用函数具有不变绝对风险规避特征，即为 $-e^{-\rho w}$，其中 ρ 是风险规避系数，代表经纪人对风险的分担态度，w 是经纪人的实际收益（Arrow，1964；Pratt，1964；戴俊和盛昭瀚，2004）。

根据假设条件，二手房买卖居间行为模型中：买方的效用函数为 $E[v(X_1) - S(X_1)]$，卖方的效用函数 $E[v(X_2) - S(X_2)]$。经纪人的实际收益为 $w=S(X_1, X_2) - C(a_1, a_2)$，经纪人的确定性等价收益为：

$$w' = E(w) - \frac{1}{2} \rho \sigma^2 (\beta_1^2 + \beta_2^2)$$

（2-5）

其中，$\frac{1}{2} \rho \sigma^2 (\beta_1^2 + \beta_2^2)$ 为经纪人的风险成本，即经纪人愿在期望收益 $E(w)$

中放弃 $\frac{1}{2}\rho\sigma^2\left(\beta_1^2+\beta_2^2\right)$ 的收益以换取确定性等价收益 w'。

根据不对称信息条件下委托代理关系必须同时满足参与约束（ IR ）和激励相容约束（ IC ），设经纪人的保留收入水平为 w_g （Hart 和 Holmström，1986；贾念念，2003；张维迎，2006），建立经纪人二手房买卖居间行为模型如下：

$$max\sum_{i=1}^{2}\left(Va_i\mu_i-\beta_ia_i\mu_i\right)$$

$$s.t.(IR)\beta_1a_1\mu_1+\beta_2a_2\mu_2-\frac{1}{2}b_1a_1^2-\frac{1}{2}b_2a_2^2+tb_0a_1a_2-\frac{1}{2}\rho\sigma^2\left(\beta_1^2+\beta_2^2\right)\geq w_g$$

$$(IC)(a_1,a_2)\in argmax\left[\beta_1a_1'\mu_1+\beta_2a_2'\mu_2-\frac{1}{2}b_1a_1'^2-\frac{1}{2}b_2a_2'^2+tb_0a_1'a_2'-\frac{1}{2}\rho\sigma^2\left(\beta_1^2+\beta_2^2\right)\right]$$

（2-6）

将激励相容约束（ IC ）用一阶条件代替（Hart 和 Holmström，1986），求解得：

$$a_1^*=\frac{\beta_1\mu_1b_2+tb_0\beta_2\mu_2}{b_1b_2-t^2b_0^2}\text{，}\quad\beta_1^*=\frac{V\mu_1^2b_2^2\mu_2^2b_1^2+\left(b_1b_2-t^2b_0^2\right)V\rho\sigma^2\left(\mu_1^2b_2^2-\mu_2^2b_1^2\right)}{\mu_1^2b_2^2\mu_2^2b_1^2+\left(b_1b_2-t^2b_0^2\right)\rho\sigma^2\left(\mu_1^2b_2^2+\mu_2^2b_1^2\right)}\text{；}$$

$$a_2^*=\frac{\beta_2\mu_2b_1+tb_0\beta_1\mu_1}{b_1b_2-t^2b_0^2}\text{，}\quad\beta_2^*=\frac{V\mu_1^2b_2^2\mu_2^2b_1^2+\left(b_1b_2-t^2b_0^2\right)V\rho\sigma^2\left(\mu_2^2b_1^2-\mu_1^2b_2^2\right)}{\mu_1^2b_2^2\mu_2^2b_1^2+\left(b_1b_2-t^2b_0^2\right)\rho\sigma^2\left(\mu_2^2b_1^2+\mu_1^2b_2^2\right)}$$

（2-7）

2.2.2　影响因素识别

从模型求解的结果来看，经纪人二手房买卖居间行为 a_i^* 受到很多因素，如 β_i，μ_i，ρ，σ^2 和 V_i 的影响。由于模型是对现实二手房买卖居间行为的概况与抽象，所以上述变量事实上包含了影响二手房买卖居间行为的许多方面的众多因素。

其中，β_i 代表与经纪人佣金相关的影响因素，如经纪人佣金计算方式；μ_i 代表经纪人服务效率相关的影响因素，如经纪人的从业经验、业务水平等经纪人特征；ρ 代表经纪人的风险态度有关的影响因素，如经纪人的风险偏好，经纪人应对时间压力的能力，以及上述经纪人的个人特征等；σ^2 代表与经纪人市场相关的影响因素，如经纪人的市场竞争情况等；V_i 代表买方或卖方特征有关的影响因素，如买方对二手房的需求偏好，买方的支付能力等。

本书不对上述所有的影响因素一一进行探讨，而是从买方角度识别和研究部分影响因素。事实上，二手房买卖居间服务过程中，绝大多数的时间都是买方和经纪人之间的交互活动，买方对于经纪人的二手房买卖居间行为有着最为直接的影响。

买方在委托经纪人搜寻二手房时，面临一些选择和疑问，如委托什么样的经纪人能最有效地搜寻二手房？当前广泛使用的比例佣金方式是否合理？其他佣金计算方式是否更能激励经纪人努力搜寻？事实上，这些选择和疑问涉及的影响因素可能会对经纪人的二手房买卖居间服务行为和过程产生重要影响，并最终影响到二手房搜寻的效率和结果。

当买方确定委托经纪人的各种选择之后，买方将与经纪人共同开始搜寻住房。在搜寻住房过程中，买方向经纪人传递的最主要的信息包括：想要买什么样的房子、愿意花多少钱购买，以及购房的时间限制。这三类信息可归纳为：买方需求偏好信息、买方支付意愿信息和买方购房时限信息。其中，为了经纪人有针对性地推荐，尽快搜寻到合适的二手房，买方会尽可能地传递其需求偏好信息，而买方支付意愿信息和买方购房时限信息的传递方面，不同买方的传递策略和传递信息的程度方面会有所差异，而这些差异可能会影响到经纪人的二手房买卖居间服务行为过程和行为结果。从买方的角度来看，买方也面临着是否应该传递买方支付意愿信息和买方购房时限信息的问题。究竟何种传递策略对自己最为有利？基于对现实二手房买卖居间服务过程的分析，本书将重点研究买方在委托经纪人时的经纪人选择决策，以及买方与经纪人共同搜寻住房过程中的信息传递决策对经纪人居间行为的影响。

总体而言，买方影响因素对于二手房买卖居间服务可能会产生重要的影响，并最终影响到二手房交易的结果，其影响的路径如图 2.1 所示。

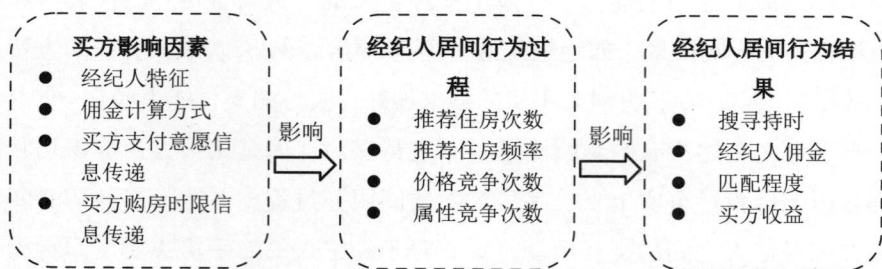

图 2.1　买方影响因素对二手房买卖居间行为与结果的影响路径

2.3　买方影响因素分析

这一部分将对买方委托经纪人和买方信息传递两大类、共四种因素进行理论分析。买方委托经纪人方面的影响因素包括：经纪人特征和佣金计算方式；买方信息传递方面的影响因素包括：买方支付意愿信息和购房时限信息传递。

2.3.1　买方委托经纪人方面的影响因素

在买方委托经纪人方面，本书重点研究买方所选择的经纪人的个体特征和佣金计算方式两个重要的影响因素。

1. 经纪人特征

根据一般的经验规律来推测，经纪人的业务水平越高，经纪人越能够以较少的投入，产出较高质量的经纪人服务，因此其居间行为应当越合理，服务的质量越高。二手房市场信息不对称、不均衡程度高，买方需求和二手房的匹配较为困难，且市场瞬息万变，各方交易人的预期、心理底价等都随之不断改变，在这种不确定性很大的环境中，以较少的成本满足买卖双方的需求，促成交易，不仅需要经纪人具有较强的专业知识和资格认证，还需要经纪人具有一定的从业经验。因此，本书将对包括经纪人的年龄、性别、从业经验和教育水平等在内的经纪人特征的影响进行研究，实验检验经纪人特征对二手房买卖居间行为的影响。

2. 佣金计算方式

为了激励经纪人提供高质量、高效率的经纪人服务，买方或卖方需要以一定形式向经纪人支付经纪人佣金，以保证和激励经纪人在努力追求自身利益最大化的同时，实现住房交易过程总体利益最大化。由于不同类型的经纪人佣金计算方式对经纪人的激励时点和激励程度不同，所以不同经纪人佣金计算方式下经纪人的服务态度和服务策略会有所不同，即经纪人的二手房买卖居间服务质量会受到影响。本书将对市场上常见的佣金计算方式，如比例佣金方式、固定佣金方式进行实验比较，研究和对比各种佣金计算方式下的二手房买卖居间行为。

需要特别说明经纪公司差异对经纪人二手房买卖居间服务行为的影响。佣金通常是由买方或卖方向经纪人公司支付的，佣金计算方式也是以经纪人公司的名义确定的，因此经纪人个体所能获得的佣金数量与买方或卖方实际支付的佣金数量存在一定的差异。这种差异因经纪人公司的薪酬激励制度不同而不同。对于小规模的个体经纪人公司来说，经纪人自己即是经纪人公司的负责人也是具体提供经纪人服务的从业人员，经纪人所得到的收入与经纪人公司获取的佣金基本相当。对于像链家地产这样规模较大的连锁经纪人公司来说，其具有一整套完善的薪酬激励制度，经纪人从业人员的收入与其业绩保持梯级正相关。我爱我家和 21 世纪不动产等经纪人公司的薪酬激励制度也遵循着经纪人收入与其业绩正相关的激励原则。

本书研究重点在买方对经纪人的二手房买卖居间行为的影响，限于篇幅，本书不讨论经纪人公司薪酬制度对于经纪人行为的影响。鉴于各类薪酬制度基本都遵循与业绩正相关的原则，本书统一简化，认为经纪人受到买方或卖方支付佣金的激励效果与经纪人实际从经纪人公司领取到的薪酬的激励效果是一致的。

2.3.2　买方信息传递方面的影响因素

买方作为经纪人二手房买卖居间服务的对象，是二手房搜寻的决策者，其对二手房买卖居间行为的影响主要体现在与经纪人之间的信息传递方面。买方在搜寻住房过程中，主要向经纪人传递三类重要的信息：买方需求偏好信息①、买方支付意愿信息和买方购房时限信息。在现实住房搜寻过程中，不同的买方，向经纪人传递这些信息的能力和意愿各不相同，有的买方清楚自己的需求偏好、支付意愿和面临的时间限制，但由于担心这些信息被经纪人所利用，导致自身利益损失，而不愿意把这些信息传递给经纪人；另一些买方则不清楚自己的需求偏好，对经纪人推荐的住房缺少价格判断，从而导致其不能及时、准确地向经纪人传递这些信息。买方向经纪人传递的这些信息是经纪人提供经纪人服务的重要依据，信息传递上的差异，最终会导致经纪人买卖居间行为的差异。

1. 买方支付意愿信息传递

一般来说，对于支付意愿信息，买方往往隐瞒自己的保留底价信息。从买方的角度考虑，买方在整个交易过程中处于信息劣势地位，卖方掌握住房信息、经纪人掌握市场信息、买方则只掌握自己的支付能力、支付意愿信息。买方如果毫无保留地向经纪人传递其支付意愿信息，很可能导致高价购买，但另一方面，买方不如实地说明自己的支付意愿或故意低报自己的支付意愿，则有可能错过一些合适的住房，延长购房时间。买方在传递支付意愿信息方面的差异，可能会对经纪人的二手房买卖居间行为产生重要影响，本书将对此进行实验研究。

2. 买方购房时限信息传递

在二手房市场上，经纪人常常被要求在一定的时间限制内为买方搜寻二手房。较紧迫的时间限制会给经纪人带来一定的时间压力，并可能会对经纪人的服务策略、态度等产生影响，最终影响住房交易结果。时间压力对于人的决策有重要的影响（Rubinstein，2007）。当人们面临不同的时间压力时，会在努力程度和决策质量之间进行权衡，会调整其接收和处理信息的速度和方式，以及决策方式和对风险态度。在搜寻匹配行为受时间压力影响的研究方面。Ibanez、Czermak 和 Sutter（2009）的研究表明，当面临时间压力时，决策者也会在决策速度和准确度之间进行权衡，而且经验有助于决策者提高应对时

---

① 考虑到一般买方都会尽可能地向经纪人传递其需求偏好信息，以便于经纪人更有针对性地为其推荐住房，本书暂不研究需求偏好信息的传递。

间压力的能力。因此，买方购房时限信息的传递可能会对经纪人二手房买卖居间行为产生重要影响。

　　本章构建二手房买卖居间行为分析的理论基础。首先对二手房买卖居间及二手房买卖居间行为进行了概念界定，确定了本书重点研究二手房买卖居间服务中的协助买方搜寻二手房的行为。然后构建二手房买卖居间行为理论模型，并对模型进行求解。最后基于模型求解结果，从理论上识别二手房买卖居间行为的影响因素，并从买方角度选择买方委托经纪人和买方信息传递两大类影响因素进行初步理论分析。

　　（1）二手房买卖居间行为概述

　　二手房买卖居间指由独立经纪人提供的，以收取佣金为目的的，促成买卖双方达成二手房交易的服务活动。二手房买卖居间行为的主要内容和流程包括：收集、登记和发布卖方的房源信息，协助买方搜寻住房，协助买卖双方议价，协助办理各种手续和物业交割。

　　（2）基于理论模型的影响因素识别

　　基于委托代理理论，构建经纪人同时接受买方和卖方委托的理论模型，模型求解结果显示，经纪人二手房买卖居间行为受到经纪人佣金、经纪人服务效率、经纪人风险态度、经纪人个人特征、市场环境、买方和卖方特征等等许多因素影响。本书从买方角度进一步识别出四种买方影响因素。

　　（3）影响因素分析

　　本书从影响二手房买卖居间行为的众多因素中，选择买方委托经纪人和买方信息传递两大类，共四种因素进行理论分析。买方委托经纪人方面的影响因素包括：经纪人特征和佣金计算方式，买方信息传递方面的影响因素包括：买方支付意愿信息和购房时限信息传递。

第 3 章

经纪人特征对房地产经纪人行为的影响

买方在委托经纪人搜寻二手房时，面临一些选择和疑问，如委托什么样的经纪人能最有效地搜寻二手房？当前广泛使用的比例佣金方式是否合理？其他佣金计算方式是否更能激励经纪人努力搜寻？事实上，这些选择和疑问涉及的影响因素可能会对经纪人的二手房买卖居间服务行为和过程产生重要影响，并最终影响到二手房搜寻的效率和结果。

当买方确定委托经纪人的各种选择之后，买方将与经纪人共同开始搜寻住房。在搜寻住房过程中，买方向经纪人传递的最主要的信息包括：想要买什么样的房子、愿意花多少钱购买，以及购房的时间限制。这三类信息可归纳为：买方需求偏好信息、买方支付意愿信息和买方购房时限信息。其中，为了经纪人有针对性地推荐，尽快搜寻到合适的二手房，买方会尽可能地传递其需求偏好信息，而买方支付意愿信息和买方购房时限信息的传递方面，不同买方的传递策略和传递信息的程度方面会有所差异，而这些差异可能会影响到经纪人的二手房买卖居间服务行为过程和行为结果。从买方的角度来看，买方也面临着是否应该传递买方支付意愿信息和买方购房时限信息的问题。究竟何种传递策略对自己最为有利尚不明晰。

本书构建二手房买卖居间行为研究的实验框架，调整实验参数，设计实验对比组，分别研究了经纪人特征、佣金计算方式选择、买方支付意愿信息传递和买方购房时限信息传递对二手房买卖居间行为的影响程度和机理，以期能够为买方提供应对经纪人服务行为的应对措施，改善买方在二手房市场中的弱势地位，促进二手房市场的公平、顺畅交易。

在研究每种影响因素的影响时，遵循如下的研究过程与步骤。首先对该影响因素进行研究意义的阐释和定性的影响机理分析，然后基于实验框架和研究目的的需要设计实验和确定相关参数，并实施实验和收集实验数据，最后是基于实验数据对各因素的影响进行实证分析。

3.1 房地产经纪人行为影响的实验框架构建

目前，房地产经济学研究领域尚无成熟的二手房买卖居间行为研究的实验设计可供直接借用,可供借鉴的房地产领域实验研究成果也寥寥无几。因此,本书需要分析二手房买卖居间行为的基本过程,针对研究目的,借鉴经典实验的设计思路与理念,自行设计二手房买卖居间行为研究的实验框架。本章将从实验目的确定、实验框架构建和实验框架设计三个方面介绍二手房买卖居间行为研究的实验框架。

3.1.1　实验目的

实验主要目的是为了收集实验数据,再基于实验数据进行实证分析。为满足实证分析需要,本书将通过实验重点收集:二手房买卖居间行为初始状态数据、二手房买卖居间行为结果数据和二手房买卖居间行为过程数据（张红和张洋,2013）。

（1）二手房买卖居间行为初始状态数据

二手房买卖居间行为初始状态数据指居间服务开始前的有关二手房市场主体、客体和市场环境的数据。本书将在实验中收集表 3.1 中的二手房买卖居间行为初始状态数据。

（2）二手房买卖居间行为过程数据

二手房买卖居间行为过程数据指反映居间服务动态过程中各交易主体尤其是经纪人行为的相关数据。本书将在实验中收集表 3.2 中的二手房买卖居间行为过程数据。

二手房买卖居间行为初始状态数据　　　　　　　　表 3.1

序号	数据名称	数据含义
1	买方住房需求偏好 （Buyer's Demand Preference，BDP）	指买方对拟购住房的位置、朝向等属性的偏好
2	买方支付意愿 （Buyer's Willing to Pay，BWP）	指买方对某套住房的心理估价（愿意支付的最高购买价格）
3	买方购房时限 （Deadline of Buyer Search，DBS）	指买方面临的停止搜寻并购买住房的截止日期
4	经纪人年龄 （Age，A）	指经纪人的实际年龄
5	经纪人性别 （Gender，G）	指经纪人的性别

序号	数据名称	数据含义
6	经纪人学历 （College Degree，CD）	指经纪人的受教育程度
7	经纪人从业年限 （Experience，Exp）	指经纪人从事经纪人业务的年限
8	待售住房的价格 （Listing Price，LP）	指卖方住房在经纪人处的挂牌价格
9	待售住房的非价格属性 （Non-price Attributes，NPA）	交通配套、住房区位、住房楼层、住房朝向、住房装修等
10	佣金计算方式 （Commission Partten，CP）	指经纪人收取佣金的方式和数量等

二手房买卖居间行为过程数据 　　　　　　表 3.2

序号	数据名称	数据含义
1	经纪人推荐住房次数 （Number of Recommondation，NR）	指经纪人平均向买方推荐住房的次数
2	经纪人推荐住房频率 （Frequency of Recommondation，FR）	指单位时间内经纪人向买方推荐住房的次数
3	价格竞争次数 （Number of Price Competition，NPC）	指经纪人推荐的住房与买方当前最满意住房属性相同的推荐次数
4	属性竞争次数 （Number of Attribute Competition，NAC）	指经纪人推荐的住房与买方当前最满意住房属性不同的推荐次数

（3）二手房买卖居间行为结果数据

二手房买卖居间行为结果类数据指二手房交易结束后，反映二手房交易最终结果的数据，本书将在实验中收集表 3.3 中的二手房买卖居间行为结果数据。

二手房买卖居间行为结果数据 　　　　　　表 3.3

序号	数据名称	数据含义
1	搜寻持时 （Search Duration，SD）	指从经纪人开始搜寻住房至买方购买二手房的持续时间
2	搜寻成本 （Search Costs，SC）	指经纪人搜寻住房过程中所付出的推荐成本
3	经纪人佣金 （Broker's Commissions，BC）	指经纪人佣金减去经纪人成本后的剩余

序号	数据名称	数据含义
4	买方需求与住房的偏误程度 （Mismatch Degree，MD）	指买方需求与住房属性的偏误程度，偏误程度越低，买方对住房属性的满意度越高
5	买方收益 （Buyer's Savings，BS）	指买方对住房的心理估价减去住房实际成交价格和减去买方成本后的剩余

后文所实施的一系列实验的目的主要是收集上述三类实验数据，而构建实验框架的目的是为设计和实施一系列实验提供相对固定的实验结构、实验规则和操作方法等。

实验框架（Experimental Framework）指可重复用于研究同一类问题不同方面的实验设计。实验框架为后文研究的实验设计提供实验结构、操作方法等。一般来说，实验框架主要包括：实验市场主客体、实验市场的规则、实验实施的步骤、实验被试选择和实验软硬件要求等内容。实验市场主客体设计主要规定实验参与者的身份和交易的对象，如实验中有几种角色、交易对象是何种商品等；实验市场的规则主要指的是实验参与者需要遵守的规则，如实验中各种角色之间交互的顺序和方式，各方参与者收益与成本的计算规则等；实验实施的步骤主要规定实验实施的基本步骤和注意事项；实验被试选择则是对于参与实验的研究对象的要求和说明；实验软硬件条件指基于计算机的实验所需要的最低配置，包括计算机、网络的配置以及实验软件的选择等内容，下面将一一进行介绍。

3.1.2　实验市场主客体

1. 实验市场主体

（1）实验市场主体类型

在实验市场中，本书设计买方和经纪人两种市场参与主体。现实二手房市场参与主体众多，主要包括：买方、卖方、二手房经纪人三个主要参与主体，以及政府管理部门、银行金融机构等辅助服务主体。根据实验经济学方法的"平行"原则，实验市场主体应与现实二手房市场主体相一致；同时考虑到实验的可操作性，本书设置：买方和二手房经纪人两种实验市场主体，卖方则主要用房源信息来代替，不设置具体的卖方主体。其他服务主体暂不在实验中考虑。

这两类主体与二手房搜寻过程关系最为密切，二手房搜寻过程实质上主要是买方与经纪人的动态交互过程（张红和张洋，2014）。

（2）实验市场主体数量

在各实验市场主体数量的设计方面，在每一轮实验中，设计 4 名经纪人相互竞争，同时为 1 名买方服务。实验市场主体数量的设计主要基于本书开展的市场调研结果确定。清华大学房地产研究所 2012 年 8 ~ 9 月间开展的对北京地区二手房交易行为调研的结果显示：一般一个买方在购买住房的过程中，平均接触过 4.2 名经纪人（同一门店的经纪人记为 1 名），这些经纪人为其提供过信息咨询服务、实地察看、议价签约、贷款过户等不同程度的二手房买卖居间服务，最终买方只会购买其中一名经纪人所推荐的二手房，并向其支付经纪人费。据此，本书设计 4 名经纪人相互竞争，同时为 1 名买方提供服务。

2. 实验市场客体

二手房买卖居间行为研究实验的市场客体包括：虚拟二手房和虚拟货币（实验币）。

（1）虚拟二手房

虚拟二手房以现实市场正在售卖的二手房为原型进行设计。简化起见，实验中只考虑二手房的建成年代、房屋朝向、房屋楼层、房屋装修和交通配套五个方面的属性，暂不考虑二手房其他属性的差异。上述每个属性在实验中均抽象为 A、B、C、D 四个等级，其中 A 级最优、D 级最劣[①]。在虚拟二手房数量的设计方面，实验中设计 20 套二手房可供交易。如此设计的依据是本书对经纪人进行访谈调研的结果。根据本书对北京地区经纪人的访谈发现，当买方描述其对住房的基本要求之后，经纪人在其售房系统中能够检索和搜寻到的，符合买方基本要求的二手房在几套至几十套不等，具体的数量与买方的基本要求和市场当时的供求状态相关。因此，本书考虑一般情况，设计卖方可供推荐的二手房为 20 套。然后根据现实二手房市场正在售卖的房源信息，挑选了 20 套二手房，制作成表 3.4 所示的二手房房源信息表。

---

① 划分的等级数应以能适当体现住房之间的属性差异为宜，一般划分为 3 ~ 10 个等级。

房源信息表　　　　　　　　　　　　　　　　　表 3.4

序号	二手房属性等级				
	建成年代	房屋朝向	房屋楼层	房屋装修	交通配套
1	A	B	C	D	B
2	B	A	B	C	D
3	C	D	A	B	B
4	B	C	D	A	B
5	D	B	C	B	A
6	A	A	B	C	D
7	B	A	A	C	D
8	C	B	A	A	D
9	D	C	B	A	A
10	A	B	C	D	A
11	A	A	A	D	C
12	B	A	A	A	C
13	D	C	A	A	A
14	A	C	D	A	A
15	A	A	C	D	A
16	A	A	A	A	D
17	D	A	A	A	A
18	A	D	A	A	A
19	A	A	D	A	A
20	A	A	A	D	A

表 3.4 中的卖方委托底价的计算方法为：

$$E_s(s,Q) = \sum_{i=1}^{5} s_i Q_i \qquad (3\text{-}1)$$

其中，$E_s(s,Q)$ 表示卖方委托底价；s_i 表示卖方对二手房第 i 个属性的估价；Q_i 表示二手房第 i 个属性的等级，其中，A 折算为 4 级、B 折算为 3 级、C 折算为 2 级、D 折算为 1 级。

在现实市场上，卖方一般会参照经纪人提供的市场价格，同时结合自身的定价策略，确定其委托销售的底价。例如，经纪人给予卖方的关于某套二手房的市场价格建议是 200 万元，此时卖方可能以 200 万元的底价委托销售，也可能采用比较激进的销售策略，以高于 200 万元（如 210 万元）的底价委托销售；或者采用比较保守的销售策略，以低于 200 万元（如 190 万元）的底价委托销售。不同卖方的销售策略不同。

由于卖方因素对二手房买卖居间行为影响不是本书的研究重点，所以在确定卖方委托底价的计算参数时，暂不考虑卖方销售策略差异，以统一的市场价格确定相关参数，并计算卖方委托底价。结合实验市场中的二手房属性等级设置，本书假设卖方对二手房单个属性的单位等级的委托底价相同。卖方委托底价计算的各参数和计算结果如表 3.5 所示。

卖方委托底价计算表　　　　　　　　　　表 3.5

序号	参数值										卖方委托底价（万实验元）
	s_1	Q_1	s_2	Q_2	s_3	Q_3	s_4	Q_4	s_5	Q_5	
1	4	15	3	20	2	25	1	20	3	20	250
2	3	15	4	20	3	25	2	20	1	20	260
3	2	15	1	20	4	25	3	20	3	20	270
4	3	15	2	20	1	25	4	20	3	20	250
5	1	15	3	20	2	25	3	20	4	20	265
6	4	15	4	20	3	25	2	20	1	20	275
7	3	15	4	20	4	25	2	20	1	20	285
8	2	15	3	20	4	25	4	20	1	20	290
9	1	15	2	20	4	25	4	20	4	20	290
10	4	15	3	20	2	25	1	20	4	20	270
11	4	15	4	20	4	25	1	20	3	20	320
12	3	15	4	20	4	25	4	20	2	20	345
13	1	15	4	20	4	25	4	20	4	20	315
14	4	15	2	20	1	25	4	20	4	20	285
15	4	15	4	20	2	25	1	20	4	20	290
16	4	15	4	20	4	25	4	20	1	20	340
17	1	15	4	20	4	25	4	20	4	20	355
18	4	15	1	20	4	25	4	20	4	20	340
19	4	15	4	20	1	25	4	20	4	20	325
20	4	15	4	20	4	25	1	20	4	20	340

本书设置卖方的实验参数保持不变，即所有经纪人在整个实验过程中都拥有相同的房源。这样设置的原因包括：一是由于卖方不用支付经纪人佣金，所以卖方常常同时委托数家经纪人公司为其销售住房，这使得各家经纪人公司拥有许多相同的房源信息；二是经纪人为了满足经纪人公司对其工作量的考核标准，经纪人之间私下买卖二手房源信息的现象十分普遍，这进一步导致各经纪人公司所拥有的房源基本相同；三是房源信息差异对二手房买卖居间行为的影响不是本书研究的重点，因此，在实验设计中暂不考虑经纪人所拥有房源信息差异的影响。基于以上三个原因，本书在实验中假设所有经纪人拥有相同的房源信息。

（2）虚拟货币

实验市场的另一客体是虚拟货币，称实验币。在实验市场中，实验币能够被用来购买二手房。在实验结束后，被试在实验市场上所赚取的实验币可以以一定比例兑换现金（人民币），以此来表示被试在实验市场上表现的优劣和激励被试认真思考，认真决策，真正参与到本书的实验中来。

对实验被试的激励可以使用物质，如现金、礼品等，也可以使用荣誉、排名、表彰等。Friedman 和 Sunder（1994）提出，无论是物质激励还是非物质激励，应当满足单调性（Monotonicity）、突显性（Saliency）和占优性（Dominance）。事实上，在实验中对被试进行激励的目的是通过激励减少被试行为的变化性。货币报酬的优势是能够使不同个体对报酬态度的差异最小化，如果是礼品，不同被试者对这些商品的价值评价可能不一致，而货币是可以高度区分的，具有非饱和性的优势。因此，本研究也采用货币激励的办法。此外，荣誉或竞赛式奖励方式可能导致追逐风险的行为，尤其实验中只有唯一胜者时，可能导致被试在实验末期"冒险一搏"，不计风险地决策，以求在竞争中取胜。基于这样的原因，大部分经济学实验都采用实际的货币报酬。实验激励一般包括两部分：实验参加费和实验成绩激励两部分。实验参加费指给予参加实验被试的固定现金酬劳，只要出席并完成整个实验，即可获得。实验成绩激励指根据被试在实验中的表现给予的激励。

综上，本书根据现实二手房市场设计的实验市场主客体如表 3.6 所示。

现实二手房市场与实验二手房市场主客体对比　　　　　　表 3.6

市场结构	现实二手房市场	实验二手房市场
市场主体	买方	买方
	卖方	以二手房源代替
	二手房经纪人	二手房经纪人
	银行	—
	租户	—
	政府管理部门等	—
市场客体	二手房	虚拟二手房
	人民币	实验币（可兑换成人民币）

3.1.3　实验市场的规则

实验规则主要指的是实验参与者需要遵守的规则，如实验中各种角色之间交互的顺序和方式，各方参与者收益与成本的计算规则等。

1. 经纪人协助买方搜寻二手房过程

按第 1 章中的研究对象所界定，本书所研究的二手房买卖居间服务过程主要指经纪人协助买方完成的二手房搜寻匹配的动态交互过程，因此实验中二手房搜寻过程主要包括三个阶段：买方向经纪人描述需求的阶段、经纪人向买方推荐二手房阶段和买方评价和选择二手房阶段（谢安石等，2006；Teich 等，2006；Strecker，2010；张红和张洋，2013）。

1）在买方向经纪人描述需求的阶段，买方向经纪人传递其二手房需求信息，如买方对二手房的基本要求、买方对二手房属性的偏好、买方的购房预算区间、买方购房期限等信息。

2）在经纪人向买方推荐二手房阶段，经纪人根据买方传递的二手房需求信息，对买方需求信息进行分析和判断，然后从待售房源中选择合适的二手房推荐给买方。

3）在买方评价和选择二手房阶段，买方对经纪人推荐的二手房进行评价和选择，如果决定购买二手房，则终止搜寻；如果暂不购买，则将评选结果和意见及时反馈给经纪人，继续搜寻。

买方在两种情况下购买二手房：一是在规定时间 t 内，买方没有搜寻到比当前最满意二手房更合适的二手房，则买方购买当前最满意二手房；二是在购房时限 T 结束时，购买当时最满意的二手房。这两种情况与现实二手房市场中的情况相对应，一是在一段时间内（t），经纪人没有向买方推荐更让买方满意的住房，买方可能会购买当时最让买方满意的住房；二是买方购买二手房一般会面临一定的时间限制（T），如婚期、子女开学日期、工作调动日期等，尽管不断地发现更合适的二手房，但由于婚期临近等原因，没有时间再继续搜寻，只能购买当时最满意的二手房。

2. 各市场主体的收益函数

买方判断二手房优劣的依据是买方收益函数，买方收益函数为：

$$E_b(Q, P) = \sum_{i=1}^{4} b_i Q_i - P(1 + 2.5\%) \qquad （3-2）$$

其中，b_i 表示买方对二手房第 i 个属性的估价；Q_i 表示二手房第 i 个属性的等级；P 表示二手房交易价格；佣金比例为 2.5%[①]。

买方收益函数的相关参数如表 3.7 所示。

买方收益函数参数表[②]　　　　　　　　　　表 3.7

房屋属性	买者对二手房第 i 个属性的估价 b_i（万元）									
	买者 1	买者 2	买者 3	买者 4	买者 5	买者 6	买者 7	买者 8	买者 9	买者 10
建成年代	25	13	13	18	24	10	15	23	17	5
房屋朝向	23	15	23	18	23	23	20	22	30	24
房屋楼层	20	28	30	23	22	35	20	13	21	24
房屋装修	18	23	18	18	16	18	18	17	19	30
交通配套	16	23	17	24	17	16	30	25	16	20

卖方收益函数为：

$$E_s(P, P^*) = P - P^* \qquad （3-3）$$

---

① 这里以目前市场上常用的比例佣金方式为一般情况设计实验框架内容，当后文研究佣金计算方式的影响时，这一设计会进行调整，详见式（4-10）和式（4-11）。此外，2.5% 的佣金比例依据 2012 年清华大学房地产研究所实施的二手房市场交易行为调研结果确定。

② 本书设计买方参数的原则一是体现买方对二手房各个属性的偏好差异，二是买方对二手房属性的估价普遍高于卖方，以保证二手房市场能够正常交易。

其中，$E_s(P,P^*)$ 表示卖方收益；P 表示二手房交易价格；P^* 表示卖方二手房委托价格。

经纪人收益函数为：

$$E_{br}(P,N) = P \times 2.5\% - N \times 100 \qquad (3\text{-}4)$$

其中，$E_{br}(P,N,C)$ 表示经纪人收益；P 表示二手房交易价格；N 表示经纪人推荐住房次数；100 的单位是实验币，为经纪人单次推荐住房的成本。

实验结束后，按照上述收益函数计算各市场主体的最终收益金额，并按照一定比例将被试在实验中的实验币收益兑换成现金。此外，对于每位前来参加实验的被试发放一定数额的实验参与费①。在后文的研究中，一般给每位被试发放 150 元的基本工资，实验币兑换人民币的比例一般为 1 万元实验币兑换 1 元人民币②。

3.1.4　实验实施的步骤

按实施先后顺序可以将实验流程划分为实验前准备、实验实施和实验后工作三部分。首先，实验前准备工作主要包括：招募与确认被试、实验编程、实验材料准备和实验测试四个步骤；其次，实验实施工作主要包括：被试报到与组织、宣读实验说明书、演示实验软件、解答被试提问、进行训练实验、进行正式实验、问卷调查、发放现金八个步骤；最后，实验后工作主要包括：备份实验数据和分析实验数据两个步骤。每个步骤的具体内容和操作注意事项如下。

1. 实验前工作

（1）招募与确认被试

被试的招募是实验前准备的一项重要工作。招募被试的方式有邮件招募、电话招募、广告招募等多种形式。招募被试一般要提前 1 ～ 2 周时间进行，并在实验实施的前一天对有意参加实验的被试进行确认，并再次强调实验当

---

① 实验激励一般包括两部分：实验参加费和实验成绩激励两部分。实验参加费指给予参加实验被试的固定现金酬劳，只要出席并完成整个实验，即可获得。实验成绩激励指根据被试在实验中的表现给予的激励。

② 本研究在实验结束后，询问被试是否愿意再次参加实验，以判断报酬水平是否合适，如果80% ～ 90% 的被试选择愿意，那么这个报酬水平是比较好的。

天先到被试能够顺利参加实验，当已到达实验室的被试数量满足实验需求之后，后来得被试只能获得一定数额的出席实验奖励补贴。

（2）实验编程

二手房买卖居间行为研究实验，不属于传统的经典实验范畴，目前没有可供借用的完整的实验程序，需要借助实验软件 z-Tree 进行编程，并在计算机上构建二手房搜寻与交易的平台。

（3）实验材料准备

除进行实验编程外，实验组织者还需要准备调查问卷、实验说明书、笔、纸、计算器等物品，并对实验室内的座位进行布置。

（4）测试性实验

在实验实施之前，应当对进行小规模的测试性实验。一方面，通过测试性实验，可以检验实验程序的正确性和稳定性、保证实验程序在运行中不会出现故障；另一方面，检查实验过程中是否还有未准备好，或未考虑到的问题和漏洞，及时排除这些故障。

2. 实验中工作

（1）被试报到与组织

在实验开始前，被试会陆续到达实验地点，实验组织者应当在实验等待室（也可以是实验室外的走廊等地）清点实验被试人数。在等待实验过程中，向被试强调实验纪律，如禁止任何形式的交流，关闭手机等通信工具等。然后，让所有被试在实验室外随机抽取号牌，并按照号牌上的号码到实验室内的相应机位落座。当参与实验的被试落座后，下一步就可以开始宣读实验说明书等步骤。此时，应留有一名实验助手，接待后续可能到来的"晚到"被试，向其发放出席实验费用，请其签收。

（2）宣读实验说明书

当所有被试均落座后，实验主持人开始大声宣读实验说明书。大声宣读的目的是让被试清楚实验说明书的相关信息是公开信息，同时可以避免被试缺乏耐心认真阅读实验说明书而影响其对实验的理解，并最终导致被试在实验中做出异常行为决策。主持人应当严格按照实验说明书进行宣读，不得向被试介绍与实验说明书内容无关的事项，更不得说出带有引导被试行为的倾向性话语。在宣读实验说明书之后，留出时间给被试阅读实验说明书。

（3）演示实验软件

这一步骤的目的是让被试熟悉实验操作界面和操作方法。实验主持人可以借助多媒体等设备对实验软件的使用方法进行演示，主持人应标准化实验演示步骤，保证各组实验被试接收到相同的演示内容。

（4）解答被试提问

一般来说，参与实验的被试会有一些疑问需要解答。在实验说明书中，要写明提问的方式和注意事项，如被试在提问时应当先举手示意，然后实验主持人单独听取被试问题，并判断是否公开回答该被试的提问。一般属于被试对实验规则的误解或不了解性质的问题，可以公开回答；而涉及被试身份或其他私人信息的问题，则不公开回答。此外，实验主持人不应暗示或引导被试在实验中什么样的行为是合理的、最优的或正确的。

（5）进行训练实验

在进行正式实验之前，一般要进行三轮训练实验，目的是让被试进一步熟悉实验软件的操作方法和界面，同时也有助于实验被试对实验说明书的深入理解。在训练过程中，可能还会有被试提问，主持人应当及时予以解答，以确保实验被试都能够正确理解实验规则和掌握实验软件的使用方法。训练实验成绩也应当被详尽记录下来，但不计入实验被试的最终成绩之中。

（6）进行正式实验

在完成以上步骤之后，进行正式实验。正式实验过程中，主持人应当严格按照事先设计好的实验步骤进行，及时排除实验过程中可能发生的硬件、软件等方面的故障，确保实验顺利进行。每个实验的实验步骤各不相同，本书将在后文对各个实验的具体实施步骤进行详述。

（7）问卷调查

在正式实验结束后，向被试发放和回收实验问卷。问卷调查的内容一般包括：实验被试的相关信息，实验中的编号、对实验时长、设计等方面的建议。

（8）发放现金

在被试填写问卷的同时，实验助手迅速从实验软件中导出被试实验成绩。在收回问卷之后，向实验被试发放现金。一般来说，发放现金数额应当在被试之间保密。

3. 实验后工作

（1）备份实验数据

实验数据是实验设计、准备、实施等一系列工作的最终成果，也是后续研究的关键资料。实验助手应当第一时间保存和备份实验数据。本研究采用 z-Tree 实验软件进行实验，该软件会自动记录和生成 Microsoft Excel（xls）格式的实验数据文件，为防止实验数据的意外损毁，应当对其进行备份。

（2）分析实验数据

实验后，应当对实验数据进行整理和分析，并开展后续研究。对于异常数据，要结合其他实验材料分析其产生的原因，必要时可补充实验，收集新的实验数据。具体的实验数据分析与研究内容有关，本书将在后文的二手房搜寻行为分析中详细阐述。

3.1.5　实验被试的选择

本研究的实验中，买方角色采用计算机程序担任，经纪人由现实市场经纪人从业人员担任。如此选择的原因主要是：首先，由于经纪人的二手房买卖居间行为是本书研究的主要对象，本书选择由现实二手房市场的经纪人被试担任实验市场中的经纪人角色，以便于观察经纪人的服务过程和服务行为。其次，为保证经纪人被试面临的实验环境的稳定性，尤其是买方对经纪人施加的影响因素的稳定性，本实验选择由计算机程序担任买方角色。第三，当前大部分经济学实验选择采用学生担任被试[①]，但本书考虑到经纪人服务的专业性和复杂性，绝大多数学生没有从事房产经纪人服务的经历和经验，不适宜在本实验中采用，尽管学生被试具有成本低廉，便于组织的优势。

---

① 大部分经济学实验的被试是高等院校的本科生或研究生。这是因为学生容易招募，且激励成本较低，有助于实验的组织和降低实验成本。其次，学生具有较强的理解和学习能力，能够充分理解实验规则，可以在实验中做出合理决策和完成实验中的任务（Dyer、Kagel 和 Levin，2002）。此外，大部分实验研究所涉及的经济学理论、原理和行为规律适用于大部分人群，不是针对某一行业或领域的特殊人群，学生作为正常人或一般人，是可以作为实验被试的，具有一定的代表性。然而学生被试的缺陷主要在于，有些经济活动，如住房交易，绝大多数学生没有相关的经历和经验。因此，观察学生行为得到的研究结论，可信度受到一定质疑（Henrich、Heine 和 Norenzayan，2010）。

当然，专业人士进行经济激励的成本远高于学生，还要考虑其前往实验地点的交通成本，另外专业人士的空闲时间较难协调，招募和组织专业人士参加实验比较困难，但为了得到可信的实验结果，本书选择现实住房市场的经纪人从业人员担任本实验的被试。

3.1.6 实验软硬件条件

经济学实验主要分：手工实验和计算机实验两类。本研究采用计算机实验方式。

首先，由于实验被试以虚拟的身份，匿名在实验中通过计算机进行决策，即使坐在同一实验中，被试也不可能知道是谁在与其议价、交易，从而可以有效屏蔽因实验被试相识、外貌、性别等因素的干扰。

其次，计算机实验有助于控制实验中的信息传递，在计算机实验中，被试之间的语言交流被禁止，取而代之的是通过计算机的信息传递，主持人能够利用计算机控制和记录被试之间信息传递的内容和传递方式，也能够通过计算机向被试准确发送一些内幕信息，且不会泄露给他人。此外，通过实验软件，设计出各种信息的显示时间、方式和显示条件，有效控制信息流动过程。

最后，计算机实验有助于收集实验数据。实验软件能够自动记录相关的实验数据并生成数据文件，记录全面而且细致，便于在后续研究中被采用。

计算机实验有助于保持实验过程的稳定性和提高实验效率。通过计算机和实验软件将实验内容和程序固定下来，减少因个人主观因素对实验过程的影响，有助于实验的重复实施和获得稳定的实验结果。此外，实验内容和程序的固定和标准化，能够大幅提高实验效率。计算机实验需要借助计算机和网络进行，实验实施有一些软件和硬件方面的要求。

1. 实验的软件条件要求

本书采用计算机实验开展研究。计算机实验一般依托实验软件来实现，目前已经有一些研究机构开发出了多种实验软件，如加州理工学院（California Institute of Technology）的经济与政治实验室（Laboratory for Experimental Economics and Political Science，LEEPS）开发的多元多双向拍卖（Multiple

Unit Double Auction，MUDA）[1]软件，可以进行双向拍卖市场实验。

美国亚利桑那大学（University of Arizona）的经济学实验室（The Economic Science Laboratory，ESL）开发了网络实验软件 Veconlab[2]，通过在网站注册，设置实验参数，就能够方便的实施许多经典的经济学实验，如图 3.1 所示。其优势在于实验组织者不需要进行编程，直接填写参数即可建立实验，而且实验参与人员只要能够连接到互联网即可参与实验，不必集中到同一实验室，实验组织更方便、自由。缺陷在于实验类型受限制，只能进行传统的经典实验，虽然能够修改实验参数，但无法根据研究需要设计和实施新的实验。

VeconLab Experiment Selection Menu

Announcements:	New Bank Run Game, All Games Optimized for Chrome
Get Started	Register Now, Instructions, Session Names, On-line Demo, Hints
Auctions	Takeover Game, Common Value and Private Value Auctions, Multi-Round Auctions with Package Bidding, Emissions Permits
Bargaining	Ultimatum, Principal/Agent, Reciprocity, and Trust Games
Decisions	Bayes' Rule, Lottery Choice, Investment Game, Value Elicitation, Probability Matching, Search
Finance/Macro	Asset Market, Macro Markets, Prediction Markets, Gains from Trade, Bank Runs
Games	Attacker/Defender, Centipede, Coordination, Guessing, Matrix Games, Traveler's Dilemma, Two-Stage Extensive Form Game
Information	Information Cascades, Lemons Market, Signaling/Poker Game, Statistical Discrimination
Markets	Bertrand, Call Market, Cournot/Monopoly, Double Auction, Posted Offer, Supply Chain, Vertical Monopoly
Public	Common Pool Resource, Congestion/Entry, Public Goods, Rent Seeking, Volunteer's Dilemma, Voting, Water Externalities
Micro Principles	Ten Experiments Configured for Introductory Classes: Trade, Supply, Demand, Costs, Monopoly, Market Failures, Simple Games
Macro Principles	Input Demand and Real Wages, Input Supply, Circular Flow, Gains from Trade, Inflation, Assets and Present Value
Surveys	Questionnaire, Quiz Program
View Results	View Results of Any Prior Experiment

Copyright 2005, Charles Holt, Please report problems and suggestions: veconlab@gmail.com

图 3.1　Veconlab 网络实验页面截图

瑞士苏黎世大学（University of Zurich）的经济实证研究所（Institute for Empirical Research in Economics）开发的实验经济学软件 Zurch Toolbox for Readymade Economics Experiments（z-Tree）（Fischbacher，2007）是目前实验经济学研究中应用最广泛的软件之一[3]。应用该软件根据实验设计进行编程，能够实施大部分类型的实验，如公共物品实验（Public Good Experiment）、讨价还价实验（Bargaining Experiment）、和双向拍卖（Double Auction）、荷式拍

---

[1]　http://eeps.caltech.edu/.

[2]　http://www.econlab.arizona.edu/index.php.

[3]　http://www.iew.uzh.ch/ztree/index.php.

卖（Dutch Auction）等市场实验（Market Experiment）。

由于实验经济学方法在住房研究领域的应用刚刚起步，目前还没有成熟的实验和实验框架，需要根据研究目的进行新的实验设计和实验编程，所以本研究选用灵活性更大、功能更强的实验软件 z-Tree[①]，通过实验编程来实现实验设计。此外，z-Tree 实验软件开发者提供咨询服务和相关研究的案例，有助于本研究完成实验编程工作。

图 3.2 是使用 z-Tree 软件时的实验主持人与实验被试结构图。实验主持人（Experimenter）使用 z-Tree 软件终端，被试（Subject）使用 z-Leaf 软件终端。实验主持人通过服务程序（Server Program）设定实验参数，控制被试面临的实验环境，被试在特定实验环境下进行决策，并将决策结果反馈到服务程序。整个实验过程中的所有参数设计和被试操作将被存储程序全部记录下来，实验数据自动完成收集。

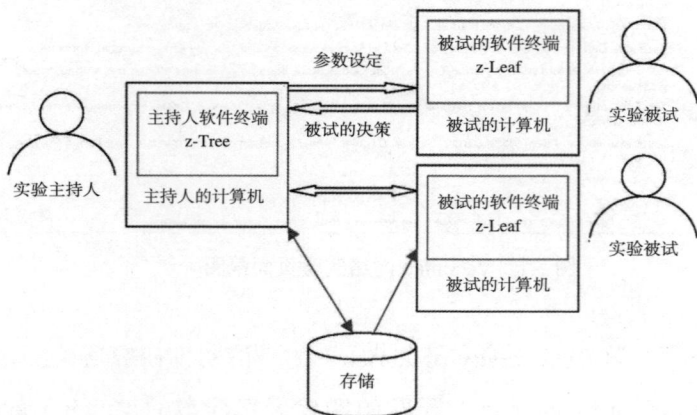

图 3.2　Z-tree 软件中的被试与实验主持人结构图

资料来源：z-Tree 软件使用说明书（z-Tree 2.1 tutorial）（Fischbacher，2002）。

本书所有实验均采用实验软件 z-Tree，并根据实验设计和参考 Chen-Ritzo 等（2005）研究的界面设计和编程。实验软件界面设计如图 3.3 所示。

①　在实验论文中一旦使用 Z-tree 软件必须要注明并引用上述 Fischbacher（2007）文献。

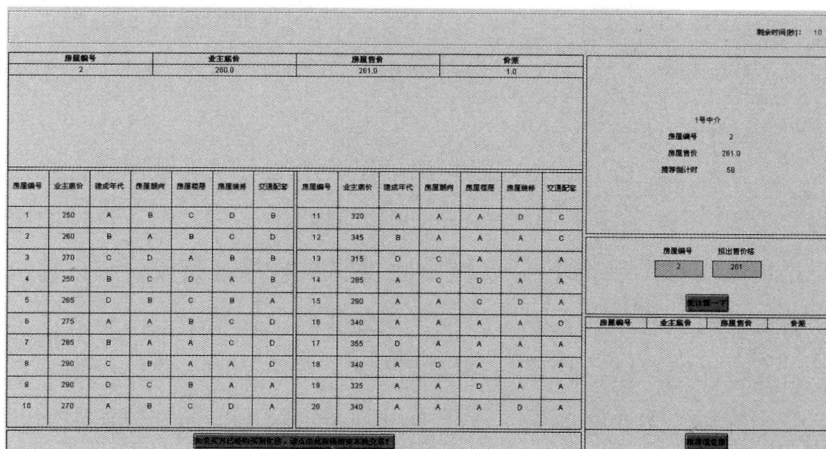

图 3.3　实验软件操作界面

实验界面共分为五个区域：一是左下部的房源信息区。卖方委托给经纪人的住房信息均会在这一区域显示，显示的内容包括：房屋编号、卖方的委托底价、以及建成年代、房屋朝向、房屋楼层、房屋装修和交通配套这五个属性的等级信息。二是右侧中下部的房屋推荐区。经纪人从房源信息区选择合适的住房，在房源推荐区填写房屋编号和拟出售价格，点击"先计算一下"按钮来测算推荐该住房的收益，然后再从已测算的推荐方案中选择一个，点击"推荐该住房"按钮推荐该住房。三是左上部的推荐记录区，当经纪人点击"推荐该住房"按钮推荐该住房后，经纪人所推荐的住房信息将会显示在左上部的推荐记录区，经纪人推荐的所有住房将在该区域按照推荐先后顺序显示出来，供经纪人进行分析和决策。该区域只记录经纪人自己推荐的住房信息，不能显示其他经纪人推荐的住房信息。四是右上部的买方反馈区。如果经纪人推荐的住房是当前买方最满意的住房，买方会在买方反馈区列出当前最满意住房的信息，如经纪人名称、住房编号和住房推荐价格，并开始倒计时。五是最上部的时间显示区。在这个区域内，将以倒计时的方式显示该轮实验的总剩余时间（张红和张洋，2014）。

2. 实验的硬件条件要求

在实验室硬件方面，需要能够组建有线或无线局域网的相关设备和一定数量的计算机。实验对于计算机配置的要求很低，只要具有 486/66 处理器

（CPU）和 16MB 随机存储器（RAM）及以上的配置即可满足实验需求。操作系统方面，Windows NT、Win 7、Windows XP 均可满足实验要求，与苹果的操作系统 MacOSX 也兼容。

为了更方便地进行实验，本研究部分实验使用有线局域网和台式计算机组建的实验室进行，另外一部分实验使用无线路由器和经纪人自带的笔记本电脑组建的无线实验系统进行。以上两种方式的网络连接硬件和计算机都完全能够满足实验需要。在实际操作中，部分实验是在经纪人门店会议室等场所，采用通过无线路由器构建临时局域网络，然后参加实验的经纪人自带笔记本电脑，构建"无线路由器 + 笔记本电脑 + 会议室"的临时实验室的方式完成。

将上述实验框架的构建结果进行汇总，以表 3.8 的形式表现[①]。

二手房买卖居间行为研究的实验框架　　　　　　　表 3.8

框架	设置		含义	取值或设置规则	参数取值或设置
主体客体	主体	买方	实验市场中的二手房买方	每轮至少 1 个买方，以保证二手房搜寻的顺利进行	1 名买方
		经纪人	向买方提供二手房买卖居间行为的经纪人	1）至少要有 1 个经纪人，以保证能够为买方提供服务； 2）一般不宜超过 6 个经纪人，以保证买方有精力与各经纪人同时进行交互； 3）应根据市场调研数据确定	4 名经纪人
	客体	虚拟二手房	实验市场中可供买方购买的二手房	1）实验中应综合考虑二手房的多种非价格属性和价格属性，充分体现二手房的异质性特点； 2）二手房的每个属性要有优劣之分，可以用等级的形式体现出来； 3）根据现实二手房市场买方描述需求后，可供选择的二手房数量确定实验中的二手房套数	1）实验中只考虑二手房的建成年代、房屋朝向、房屋楼层、房屋装修和交通配套五个方面的属性； 2）每个属性在实验中均抽象为 A、B、C、D 四个等级，其中 A 级最优、D 级最劣； 3）可供选择的二手房数量为 20 套
		实验币	实验市场中流通的货币	1）保证每个买方至少拥有超过一套二手房的价格的初始实验币； 2）实验结束后，实验币可以兑换现金	1 万元实验币兑 1 元人民币

---

① 该实验框架与本书作者的研究（张红和张洋，2014）中的实验设计相似。

框架	设置	含义	取值或设置规则	参数取值或设置
实验规则	二手房搜寻过程 搜寻过程	买方与经纪人搜寻二手房的交互方法与步骤	根据现实市场买方与经纪人的交互过程进行设计，可以进行合理的简化和抽象	1）买方向经纪人传递其二手房需求信息；2）经纪人根据买方的需求信息，选择合适的二手房推荐给买方；3）买方对推荐二手房进行评价，或购买并终止搜寻；或将评价结果反馈经纪人，继续搜寻
	二手房搜寻过程 购房规则	买方停止搜寻，并购房的规则	1）根据现实市场买方的搜寻过程进行设计，可以进行合理的简化和抽象；2）一般来说，买方在购房时限来临之前会购买当时最满意的二手房；或者买方在较长的时间内没有搜寻更满意的二手房，买方会购买之前搜寻到的较为满意的二手房	1）某经纪人推荐的二手房持续 30 秒为买方最满意的二手房，则买方停止搜寻并购买该二手房；2）如果没有任何二手房能够持续 30 秒为买方最满意的二手房，则在购房时限 3 分钟结束时，买方停止搜寻并购买当时最满意的二手房
	收益函数 买方收益	买方收益的计算方法	买方收益为买方购房资金的节省，为买方对二手房的心理估价减去成交价格和佣金支出	$E_b(Q,P)=\sum_{i=1}^{4}b_iQ_i-P(1+2.5\%)$ b_i 为买方对二手房第 i 个属性的估价，Q_i 为第 i 个属性的等级，P 为交易价格。相关参数如表 3.7 所示
	收益函数 经纪人收益	经纪人收益的计算方法	1）经纪人收益为经纪人佣金减去经纪人推荐成本；2）经纪人佣金根据佣金计算方式的不同采用不同的计算方法	$E_{br}(P,N)=P\times2.5\%-N\times100$ P 为二手房交易价格，N 为经纪人推荐住房次数，100 为经纪人单次推荐住房的成本
实施步骤	实验前工作	在实验实施之前的准备工作	1）招募与确认被试；2）实验编程；3）实验材料准备；4）实验测试	—
	实验中工作	实验实施过程中的相关工作	1）被试报到与组织；2）宣读实验说明书；3）演示实验软件；4）解答被试提问；5）进行训练实验；6）进行正式实验；7）问卷调查；8）发放现金	—
	实验后工作	实验结束后的工作	1）备份实验数据；2）分析实验数据	—
被试选择	被试	实验中被观察和测试的对象	1）能够理解实验规则，并在实验中进行决策；2）保证实验结果具有可信度；3）尽量节约实验成本	现实二手房市场经纪人

3.2 经纪人特征影响的理论分析与研究假设

经纪人特征指经纪人从业人员的个体背景特征，如经纪人的年龄、性别、从业经验、受教育程度和是否具有执业资格证书等。经纪人作为二手房买卖居间行为的提供者，其自身特征可能会对二手房买卖居间行为产生重要的影响，并最终影响二手房搜寻的结果。为初步识别影响二手房买卖居间行为的经纪人个体特征和与实验研究结论相对比，本研究随机对北京市从事二手房买卖居间业务的 176 名经纪人进行问卷调研（问卷见附 A），调研结果如表 3.9 所示。

部分二手房买卖居间行为问卷的调查结果 表 3.9

问题	样本量	最小值	最大值	平均值	标准差
1. 年龄大对于提高业绩有帮助	176	1	5	3.320	1.005
2. 性别（女性）对于提高业绩有帮助	176	1	5	3.301	0.923
3. 学历高对于提高业绩有帮助	176	1	5	3.278	0.879
4. 从业经验多对于提高业绩有帮助	176	1	5	4.114	0.683
5. 所学专业与房产经纪行业相近对于提高业绩有帮助	176	1	5	3.182	0.842
6. 拥有执业资格证或协理证对于提高业绩有帮助	176	1	5	3.295	0.903

注：问卷问题及选项采用"五点"李克特量表（Five Point Likert Scale）设计，1 表示非常不同意，5 表示非常同意。

表 3.9 显示，在回收的 176 份有效调研问卷中，问题 4"从业经验多对于提高业绩有帮助"的平均得分达到 4.114，可见经纪人从业经验对于提高经纪人业绩非常有帮助。相比之下，性别、年龄、所学专业与经纪人行业接近、拥有职业资格证等经纪人个体特征对于提高业绩的帮助则稍低，得分均值分别为 3.320、3.301、3.278、3.182 和 3.295。本节将基于实验数据重点研究经纪人从业经验对二手房买卖居间行为的影响，对于经纪人的其他个体特征（如年龄、性别、受教育程度等）也进行简要的分析。

在人们实质性掌握事物规律之前，经验往往发挥非常重要的作用，尤其是对完成一些复杂性和不确定性大的工作具有较大的帮助。二手房买卖居间服务是一项程序复杂、专业性强、不确定性大、持续时间较长的活动。从涉及的知识领域来说，二手房买卖居间行为涉及法律、建筑、节能、环境、土木、经济、心理等许多方面的综合知识；经纪人市场的供给和需求都存在一定的时效性和不确定性，市场供需分散、交易主体需求偏好不一，且随交易主体接收到的信息不断调整和改变，这些因素都使得经纪人提供二手房买卖居间服务的环境和对象具有很强的不确定性。因此，从理论上分析，经纪人从业经验可能会对经纪人二手房买卖居间服务产生重要的影响。许多学者对包括经纪人从业经验在内的许多经纪人特征的影响进行了研究，研究结果普遍表明经纪人的从业经验与二手房买卖居间服务效率存在正相关关系，即从业经验越丰富，服务效率越高，具体体现为缩短搜寻持时、节省搜寻成本等方面（Follain、Lutes 和 Meier，1996；Crellin、Frew 和 Jud，1988；Glower 和 Hendershott，1988；Sirmans 和 Swicegood，2000；Jud 和 Winkler，1998；Benjamin、Jud 和 Sirmans，2000；Benjamin、Chinloy 和 Winkler，2009；Waller 和 Jubran，2012）。其中，Benjamin、Chinloy 和 Winkler（2009）以经纪人的收入来表示其业务量，间接体现其服务质量。他们在研究经纪人特征对住房搜寻服务影响时发现，经纪人从业年限每增加一年，全职经纪人收入将增加 2.5%，兼职经纪人的收入将增加 1.2%。Waller 和 Jubran（2012）研究经纪人经验对住房交易的影响，研究发现，"老手组"的住房成交价格要比"新手组"平均高 10%，而且比"新手组"的搜寻持时要短。

除经纪人从业经验之外，影响经纪人买卖居间服务的个体特征还包括：经纪人性别、经纪人是否获得从业资格认证[①] 和经纪人受教育程度等。其中，在经纪人性别方面 Abelson、Kacmar 和 Jackofsky（1990）研究发现女性房产经纪人比男性房产经纪人的表现更好，而 Crellin、Frew 和 Jud（1988）；Sirmans 和 Swicegood（1997）；Jud 和 Winkler（1998）则发现男性更有性别优势。此外，

[①]　目前，我国从事经纪人服务的从业人员很少具有注册房地产经纪人资格证书。因此，本研究不对这一经纪人个体特征的影响进行研究。

Follain、Lutes 和 Meier（1996），Turnbull 和 Dombrow（2007）的研究成果表明性别对于经纪人的经纪服务没有显著影响。在经纪人受教育程度方面，许多研究都认为经纪人受教育的程度与经纪人业绩有显著正相关关系，即受教育程度越高，经纪人的经纪服务质量越好（Crellin、Frew 和 Jud，1988；Glower 和 Hendershott，1988；Abelson、Kacmar 和 Jackofsky，1990）。Benjamin 等（2007）基于美国 1999 年的 6842 名经纪人的调研数据进行研究，结果发现经纪人受教育的程度和从业经验会显著降低经纪人的服务努力程度，但显著提高住房搜寻服务的工作效率。相比之下，对于经纪人年龄影响方面的研究鲜有发现。

基于以上研究成果的回顾和理论分析结论，本书提出以下假设：

假设 1：随着经纪人从业经验的增加会使经纪人推荐二手房次数更少，推荐二手房的频率更低，价格竞争次数减少，属性竞争次数增加，最终缩短搜寻持时，降低搜寻成本，提高自身佣金收入和提高二手房属性与买方需求的匹配程度。

假设 2：随着经纪人的学历提高会使经纪人推荐二手房次数更少，推荐二手房的频率更低，但推荐二手房的成功率更高，缩短搜寻持时，降低搜寻成本，提高自身佣金收入和提高二手房属性与买方需求的匹配程度。

假设 3：随着对于经纪人年龄和经纪人性别来说，其对二手房买卖居间行为过程和搜寻结果的影响不显著。

3.3 实验设计与实施

3.3.1 实验设计

本实验（实验 1）的实验市场主体、客体、交易规则和奖励规则等设置与 3.3 节提出的二手房买卖居间行为研究的实验框架相同。为了检验和度量经纪人从业经验对二手房买卖居间行为的影响，实验共分 2 组，第 1 组实验中，招募从业经验在 3 年[①]及以下的经纪人从业人员担任实验被试；在第 2 组实验中，

---

① 本书调查的 176 名经纪人的平均从业年限为 3.136 年，据此本书以 3 年从业经验为分组依据划分实验组。

招募从业经验在 3 年及以上的经纪人从业人员担任实验被试，每组实验包含 3 局完全相同的实验。共进行了 6 局实验。实验 1 的具体分组如表 3.10 所示。

实验组	分组依据	每组包含实验局数	每局被试人数	每组被试人数
	实验 1 的分组信息		表 3.10	
低经验组	3 年及以下从业经验	3	4	12
高经验组	3 年以上从业经验	3	4	12

两组实验的界面设计相同如图 3.4 所示，区别在于参与实验被试的差异，在低经验组，所有被试均为 3 年及以下从业经验的经纪人，在高经验组，所有被试均未 3 年以上从业经验的经纪人。

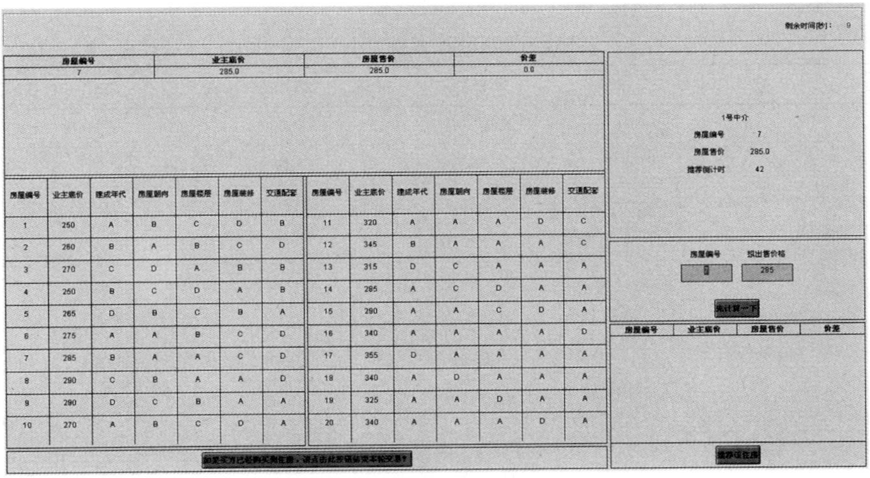

图 3.4　两组实验的界面设计

3.3.2　实验实施

实验共 24 名现实经纪人参加实验，他们之前都没有参加类似的经济学实验的经验。在整个实验过程中，没有出现可能影响实验结果的意外事件。根据从业年限将被试分为低经验组和高经验组，两组被试特征的统计描述如表 3.11 所示。

被试特征的统计描述   表 3.11

被试特征	实验分组	数量	最小值	最大值	平均值	标准差
从业年限 Experience（年）	低经验组	12	1.000	3.000	1.429	0.651
	高经验组	12	4.000	9.000	5.714	1.505
受教育程度 Education（大专及以下 =0，大专以上 =1）	低经验组	12	0.000	1.000	0.714	0.452
	高经验组	12	0.000	1.000	0.429	0.515
年龄 Age（年）	低经验组	12	21.000	31.000	25.214	2.811
	高经验组	12	26.000	37.000	28.786	3.055
性别 Gender（女性 =0，男性 =1）	低经验组	12	0.000	1.000	0.643	0.492
	高经验组	12	0.000	1.000	0.643	0.492

3.3.3 实验数据

实验数据由 z-Tree 软件自动记录，收集到实验数据的统计描述如表 3.12 所示。

实验数据的统计描述   表 3.12

指标类别	指标子类别	指标	实验组	数量	最小值	最大值	均值	标准差
二手房买卖居间服务过程类	经纪人服务努力程度类	经纪人推荐二手房的次数	低经验组	30	2.000	30.000	14.300	6.081
			高经验组	30	5.000	16.000	8.767	3.081
		经纪人推荐二手房的频率	低经验组	30	0.028	0.254	0.171	0.057
			高经验组	30	0.078	0.327	0.182	0.054
	经纪人服务竞争策略类	经纪人价格竞争次数	低经验组	30	0.000	11.000	4.100	2.695
			高经验组	30	0.000	6.000	1.333	1.493
		经纪人属性竞争次数	低经验组	30	2.000	19.000	10.200	4.003
			高经验组	30	4.000	12.000	7.433	2.063
二手房买卖居间服务结果类	买方搜寻成本类	买方支付佣金额	低经验组	30	6.700	8.855	7.373	0.695
			高经验组	30	6.240	8.845	7.205	0.590
		买方搜寻二手房数	低经验组	30	1.000	5.000	2.333	0.994
			高经验组	30	1.000	5.000	2.100	0.960
		买方搜寻持时	低经验组	30	54.000	180.000	85.867	34.217
			高经验组	30	33.000	82.000	49.467	13.533
	买方搜寻收益类	买方需求与二手房属性的偏误程度	低经验组	30	0.000	4.796	0.798	1.400
			高经验组	30	0.000	4.583	1.298	1.514
		买方估价与成交价之差	低经验组	30	10.000	42.000	25.467	8.089
			高经验组	30	4.000	42.000	24.433	9.016

3.4　实证检验：基于实验数据

1. 经纪人特征对二手房买卖居间行为过程的影响

为分析经纪人特征对二手房买卖居间行为过程的影响，首先将低经验组与高经验组二手房买卖居间行为过程指标绘制成如图 3.5 所示，以获取直观的比较结果。

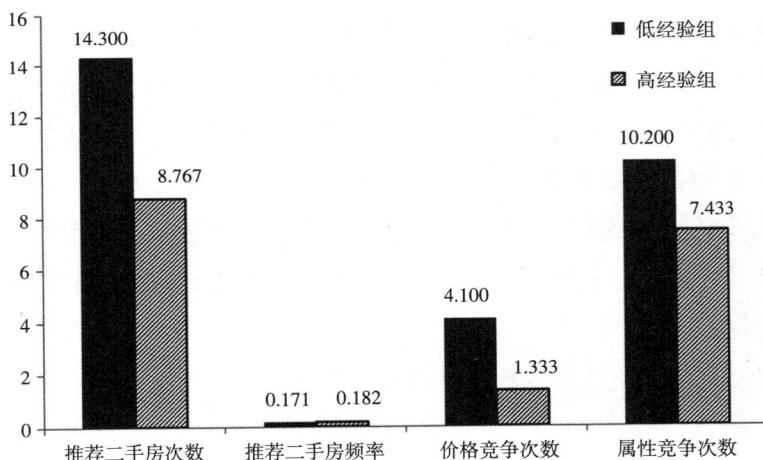

图 3.5　高低经验组行为过程指标值对比图

从图 3.5 中，可以看出低经验组的经纪人推荐二手房次数、经纪人价格竞争次数和经纪人属性竞争次数都明显高于高经验组；低经验组的经纪人推荐二手房频率指标略高于高经验组的经纪人推荐二手房频率指标。为了对这一直观的比较结果进一步地进行检验，这里采用非参数检验方法中的两独立样本检验方法曼 - 惠特尼 U 检验（Mann-Whitney U Test）[1] 对两组实验结果进行检验，检验结果如表 3.13 所示。

①　曼 - 惠特尼 U 检验又称"曼 - 惠特尼秩和检验"，是由 H.B.Mann 和 D.R.Whitney 于 1947（Mann 和 Whitney，1947）年提出的。它假设两个样本分别来自除了总体均值以外完全相同的两个总体，目的是检验这两个总体的均值是否有显著的差别。

高低经验组行为过程指标值的检验结果　　　　　　　　表 3.13

行为过程指标子类别	行为过程指标	低经验组		高经验组		两组中的指标值是否有显著差异（p-value）
		均值	标准差	均值	标准差	
经纪人服务努力程度类	经纪人推荐二手房的次数	14.300	6.081	8.767	3.081	有（0.000）
	经纪人推荐二手房的频率	0.171	0.057	0.182	0.054	无（0.762）
经纪人服务竞争策略类	经纪人价格竞争次数	4.100	2.695	1.333	1.493	有（0.000）
	经纪人属性竞争次数	10.200	4.003	7.433	2.063	有（0.001）

表 3.13 显示低经验组的经纪人推荐二手房的次数（14.300 次对 8.767 次）、经纪人价格竞争次数（4.100 次对 1.333 次）和经纪人属性竞争次数（10.200 次对 7.433 次）显著（99% 的置信水平）高于高经验组；两组中的经纪人推荐二手房的频率（0.171 次 / 秒对 0.182 次 / 秒）没有显著差异。这表明，经纪人的从业经验使得经纪人减少了推荐二手房的总次数、价格竞争次数和属性竞争次数，即有经验的经纪人使用了较少的推荐次数便促成了买卖双方的交易，赢得了竞争。

为了进一步验证非参数检验的相关结果和分析考虑经纪人其他特征的情况下，经纪人从业经验对二手房买卖居间行为的影响程度，本书分别将表 3.13 中的每一个行为过程指标作为被解释变量，以经纪人特征（受教育程度、经纪人性别和经纪人年龄）作为解释变量，构建模型，如式（3-5）所示。

$$U_i = \alpha_{0i} + \alpha_{1i}EXP_i + \alpha_{2i}EDU_i + \alpha_{3i}AGE_i + \alpha_{4i}GEN_i + \varepsilon_i \qquad (i = 1, 2 \cdots 4) \text{（3-5）}$$

其中，U_i 表示第 i 个模型中的被解释变量；EXP_i 表示第 i 个模型中的解释变量：经纪人从业年限，以从业年数为变量值；EDU_i 表示第 i 个模型中的解释变量：经纪人受教育程度，具有大专及以上学历的取 1，其他取 0；AGE_i 表示第 i 个模型中的解释变量：经纪人年龄，以经纪人的实际年龄为变量值；GEN_i 表示第 i 个模型中的解释变量：经纪人性别，男性取 1，女性取 0；$\alpha_{0i}\alpha_{1i}\ldots\alpha_{4i}$ 为解释变量的系数；ε_i 为第 i 个模型的残差项。

基于实验数据，对上述模型的参数进行估计，结果如表 3.14 所示。

模型（3-1）的估计结果　　　　　　　　　表 3.14

| 序号 | 被解释变量 U_i | 解释变量 | | | | | 调整后的 R^2 | F 统计量 |
		常数 C	从业年限 EXP	教育 EDU	年龄 AGE	性别 GEN		
模型 1	经纪人推荐二手房的次数	22.315 (13.479)	−3.485*** (0.922)	−5.048 (3.854)	0.781 (0.574)	0.855 (3.215)	0.364	4.287**
模型 2	经纪人推荐二手房的频率	0.218 (0.177)	0.000 (0.012)	−0.046 (0.051)	0.009 (0.008)	0.019 (0.042)	−0.019	0.893
模型 3	经纪人价格竞争次数	15.914*** (4.401)	−1.273*** (0.301)	−0.317 (1.259)	−0.158 (0.187)	−0.282 (1.050)	0.637	11.088***
模型 4	经纪人属性竞争次数	6.401 (12.353)	−2.212** (0.845)	−4.731 (3.532)	0.939 (0.526)	1.136 (2.947)	0.127	1.838

注：*** 表示 99% 的置信水平下显著；** 表示 95% 的置信水平下显著；* 表示 90% 的置信水平下显著。

表 3.14 显示，经纪人从业年限对经纪人推荐二手房的次数有显著影响（99% 的置信水平下），经纪人从业年限每增加 1 年，经纪人推荐次数减少 3.485 次。经纪人从业年限对经纪人价格竞争次数也有显著影响（99% 的置信水平下），经纪人从业年限每增加 1 年，经纪人价格竞争次数减少 -1.273 次。经纪人从业年限对经纪人属性竞争次数也有显著影响（95% 的置信水平下），经纪人从业年限每增加 1 年，经纪人属性竞争次数减 2.212 次。除此之外，其他变量均不显著。由于高经验组的经纪人年龄普遍比低经验组的经纪人年龄大，为了排除回归过程中的多重共线性问题，本书进行了方差膨胀因子（Variance Inflation Factors，VIF）检验，检验结果表明不存在多重共线性问题（范立新，1994）。

上述估计结果表明：经纪人从业年限与经纪人推荐二手房的次数、经纪人价格竞争次数和经纪人属性竞争次数均负相关。从业经验越久的经纪人，其推荐二手房的次数越少。下面对居间服务的结果进行分析，检验在推荐次数减少的情况下，二手房搜寻受到怎样的影响。

2. 经纪人特征对二手房买卖居间行为结果的影响

经纪人特征对于二手房买卖居间行为过程的上述影响最终将影响到居间行为的结果。经纪人特征对于二手房买卖居间行为结果的影响分析主要从买方搜寻成本和收益两大方面，共五个指标进行。买方搜寻成本方面主要考虑买方支付佣金额、买方搜寻二手房数和买方搜寻持时，买方搜寻收益方面主要考虑买方需求与住房属性的偏误程度和买方估价与成交价之差（买方购房资金节省）。

为分析经纪人特征对二手房买卖居间行为结果的影响，首先将低经验组和高经验组的二手房买卖居间行为结果指标绘制成如图 3.6 所示，以获取直观的比较结果。

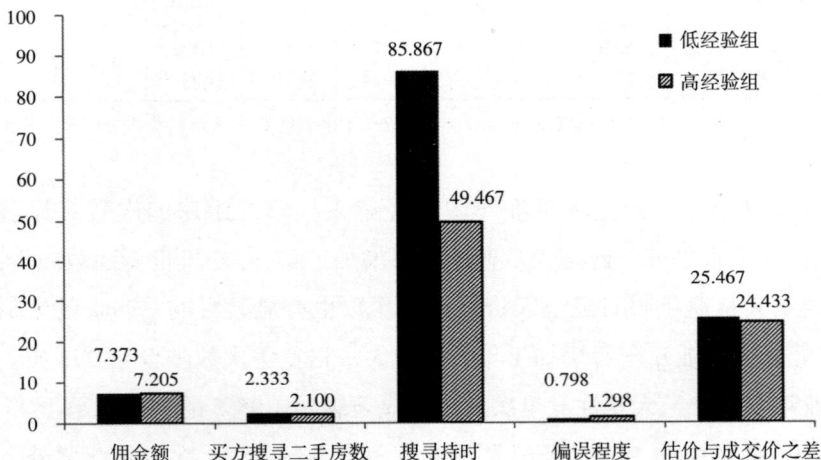

图 3.6　高低经验组行为结果指标值对比图

从图 3.6 中，可以看出，低经验组的买方搜寻二手房数和买方搜寻持时明显多于高经验组，而高经验组与低经验组的买方支付佣金额、买方需求与二手房属性的偏误程度、买方估价与成交价之差则相差不大。为了对这一直观的比较结果进行进一步的检验，这里仍采用 Mann-Whitney U Test 对两组实验结果进行非参数检验，检验结果如表 3.15 所示。

表 3.15 显示低经验组与高经验组的行为结果指标有显著差异的只有买方搜寻持时指标（85.867 秒对 49.467 秒），高经验组的买方搜寻持时显著（99%的置信水平）短于低经验组。高经验组与低经验组的其他行为结果指标没有显著差异。这表明，经纪人的从业经验使得买方能够在不降低对住房满意程度的情况下，通过搜寻较少的二手房，搜寻较短的时间，就能够购买到二手房。

经纪人的经验帮助买方在不减少收益的情况下降低搜寻成本。假设 1 被证实，假设 2 和 3 没有被证实。

高低经验组行为结果指标值的检验结果　　　　　表 3.15

行为结果指标类别	行为结果指标	低经验组		高经验组		两组中的指标值是否有显著差异（p-value）
		均值	标准差	均值	标准差	
买方搜寻成本类	买方支付佣金额	7.373	0.695	7.205	0.590	无（0.756）
	买方搜寻二手房数	2.333	0.994	2.100	0.960	无（0.341）
	买方搜寻持时	85.867	34.217	49.467	13.533	有（0.000）
买方搜寻收益类	买方需求与二手房属性的偏误程度	0.798	1.400	1.298	1.514	无（0.104）
	买方估价与成交价之差	25.467	8.089	24.433	9.016	无（0.722）

第 4 章

佣金计算方式对房地产经纪人行为的影响

4.1　佣金计算方式影响的理论分析与研究假设

在信息严重不对称的二手房市场，买方委托经纪人提供服务，协助其搜寻二手房。为了激励经纪人提供以买方利益最大化为目标的、高质量的经纪人服务，买方需要以一定形式向经纪人支付经纪人佣金，以保证和激励经纪人在努力追求自身利益最大化的同时，实现买方利益最大化。由于不同类型二手房经纪人佣金计算方式对经纪人的激励时点和激励程度不同，所以不同经纪人佣金计算方式下经纪人的服务态度和服务策略会有所不同，最终使得经纪人服务效果产生差异。

住房经纪人佣金指具有独立地位和经营资格的经纪人或企业为二手房买卖双方提供信息咨询、产品估价、手续办理等服务而向买卖双方或一方收取的报酬。目前，国内外二手房市场上常见的经纪人佣金计算方式主要有：固定佣金、比例佣金、底价销售佣金和固定比例加超额提成佣金等。其中，中国二手房市场主要采用比例佣金方式和固定佣金方式。比例佣金方式规定经纪人按二手房成交价的一定比例向买方收取佣金。固定佣金方式规定经纪人以二手房成交价与卖方委托的销售价之差作为佣金。

为了对两种佣金计算方式进行更好的比较，首先，分别构建比例佣金方式下和固定佣金方式下的经纪人服务模型，并进行模型求解，以对比分析住房经纪人佣金计算方式对经纪人服务和交易结果的影响。

（1）比例佣金方式下的经纪人服务模型

比例佣金方式下的经纪人服务主要取决于经纪人在单位时间内提供服务的努力程度和经纪人累计提供服务的时长。在二手房市场中，经纪人服务主要反映为经纪人搜寻二手房和买方的搜寻强度和服务时长。基于此，假设经纪人在比例佣金的激励下决定采取的单位时间提供服务的努力程度为 a_1，$0 \leqslant a_1 \leqslant 100\%$，服务时间饱和度为 t_1，$0 \leqslant t_1 \leqslant 100\%$。

经纪人服务的目标是促成买卖双方达成交易，并在保证成交的前提下，促使买卖双方以尽可能高价格交易，以赚取最大化的经纪人佣金。基于此，本书假设随着经纪人的努力程度的增加，二手房交易价格会提高，但提高的幅度边际递减；另一方面，随着经纪人服务时间饱和度的增加，二手房交易价格也会有所提高，提高的幅度边际递减；故设二手房交易价格为：

$$P(a_1, t_1) = p_a a_1^{n_a} + p_t t_1^{n_t} \tag{4-1}$$

其中，p_a 表示经纪人的服务努力程度对二手房交易价格的贡献率；p_t 表示经纪人的服务时间饱和度对二手房交易价格的贡献率；n_a 表示服务努力程度对二手房价格贡献边际递减的程度，$0 < n_a < 1$；n_t 表示服务时间饱和度对二手房价格贡献边际递减的程度，$0 < n_t < 1$。

与此同时，随着经纪人的服务努力程度和服务时间饱和度的增加，经纪人的服务成本会增加。其中成本增加的幅度随服务努力程度的增加边际递增，而服务成本增加幅度随服务时间饱和度的增加也呈边际递增的关系，故设经纪人服务成本为：

$$C(a_1, t_1) = c_a a_1^{m_a} + c_t t_1^{m_t} \tag{4-2}$$

其中，c_a 表示经纪人的服务努力程度的成本系数；m_a 表示努力程度导致经纪人服务成本上升的边际递增程度，$1 < m_a$；c_t 表示经纪人的服务时间饱和度的成本系数；m_t 表示努力程度导致经纪人服务成本上升的边际递增程度，$1 < m_t$。

经纪人在比例佣金方式下会追求自身收益 $Z_p(a_1, t_1)$ 最大化，即：

$$Max Z_p(a_1, t_1) = rP(a_1, t_1) - C(a_1, t_1) \tag{4-3}$$

其中，r 表示佣金比例。

将式（4-1）、式（4-2）代入式（4-3）得：

$$Max Z_p(a_1, t_1) = r p_a a_1^{n_a} + r p_t t_1^{n_t} - c_a a_1^{m_a} - c_t t_1^{m_t} \tag{4-4}$$

当 $\dfrac{\partial Z_p}{\partial a_1} = 0$ 时，求得经纪人的最优服务努力程度 $a_1^* = \sqrt[(m_a - n_a)]{\dfrac{r p_a n_a}{c_a m_a}}$。当

$\dfrac{\partial Z_p}{\partial t_1} = 0$，求得经纪人最优服务时间饱和度 $t_1^* = \sqrt[(m_t - n_t)]{\dfrac{r p_t n_t}{c_t m_t}}$。

（2）固定佣金方式下的经纪人服务模型

与比例佣金方式下的经纪人服务一样，本书假设固定佣金方式下的经纪人服务质量也主要取决于经纪人在单位时间内提供服务的努力程度和经纪人累计提供服务的时长。设定经纪人如果以卖方委托底价成功销售住房，则获得金额为 A 的固定佣金。经纪人在固定佣金的激励下决定采取的努力程度为 a_2，$0 \leq a_2 \leq 100\%$，服务时间饱和度为 t_2，$0 \leq t_2 \leq 100\%$。与比例佣金方式下的情况相同，随着经纪人的努力程度和服务时间饱和度的增加，经纪人以卖方委托底价成功销售二手房的概率会提高，故设经纪人可获得的佣金毛收入为：

$$I(A, a_2, t_2) = A \times (a_2 + t_2) \tag{4-5}$$

其中，$I(A, a_2, t_2)$ 表示经纪人成功销售住房后可获得的固定佣金；$(a_2 + t_2)$ 则表示经纪人成功销售住房的概率，这一概率由经纪人的努力程度 a_2 和服务时间饱和度 t_2 共同决定。

与比例佣金方式下的情况一样，固定佣金方式下的经纪人服务成本为：

$$C(a_2, t_2) = c_a a_2^{m_a} + c_t t_2^{m_t} \tag{4-6}$$

其中，c_a 表示经纪人的服务努力程度的成本系数；m_a 表示努力程度导致经纪人服务成本上升的边际递增程度，$1 < m_a$；c_t 表示经纪人的服务时间饱和度的成本系数；m_t 表示努力程度导致经纪人服务成本上升的边际递增程度，$1 < m_t$。

经纪人在固定佣金方式下也会追求自身收益 $Z_f(A, a_2, t_2)$ 最大化，即：

$$MaxZ_f(A, a_2, t_2) = I(A, a_2, t_2) - C(a_2, t_2) \tag{4-7}$$

将式（4-5）、式（4-6）代入式（4-7）得：

$$MaxZ_f(A, a_2, t_2) = A \times (a_2 + t_2) - c_a a_2^{m_a} - c_t t_2^{m_t} \tag{4-8}$$

当 $\dfrac{\partial Z_f}{\partial a_2} = 0$ 时，求得经纪人的最优服务努力程度 $a_2{}^* = \sqrt[(m_a-1)]{\dfrac{A}{c_a m_a}}$。当 $\dfrac{\partial Z_f}{\partial t_2} = 0$，求得经纪人的最优服务时间饱和度为 $t_2{}^* = 100\%$。

（3）经纪人佣金计算方式的比较

为了对两种佣金计算方式进行比较，首先应当确定比例佣金方式下的佣金比例 r 和固定佣金方式下的佣金额 A 之间的关系，建立平等的比较分析基础，然后再对两种佣金计算方式下的最优服务努力程度等其他变量进行比较。故为保证两种佣金计算方式的激励金额一致，假设：$rp_a n_a + rp_t n_t = A$。

首先，对比两种佣金计算方式下的单位时间经纪人服务努力程度。比例佣金方式下的最优服务努力程度 $a_1^* = \sqrt[(m_a-n_a)]{\dfrac{rp_a n_a}{c_a m_a}}$，固定佣金方式下的最优服务努力程度 $a_2^* = \sqrt[(m_a-1)]{\dfrac{A}{c_a m_a}}$。

因为 $0 < n_a < 1$ 和 $1 < m_a$，

所以，

$$a_1^* = \sqrt[(m_a-n_a)]{\frac{rp_a n_a}{c_a m_a}} < \sqrt[(m_a-1)]{\frac{rp_a n_a}{c_a m_a}} < \sqrt[(m_a-1)]{\frac{rp_a n_a + rp_t n_t}{c_a m_a}} < \sqrt[(m_a-1)]{\frac{A}{c_a m_a}} = a_2^*,$$

即 $a_1^* < a_2^*$。

其次，对比两种佣金计算方式下的经纪人服务时间饱和度。比例佣金方式下的经纪人服务时长 $t_1^* = \sqrt[(m_t-n_t)]{\dfrac{rp_t n_t}{c_t m_t}}$，固定佣金方式下的经纪人服务时长 $t_2^* = 100\%$，因为 $0 < t_2 < 100\%$，所以 $t_1^* < t_2^*$。

上述分析表明，相比比例佣金方式，固定佣金方式下的经纪人服务努力程度更高、服务时间饱和度更高。由此，本书假设：

假设 4：在固定佣金方式下的经纪人推荐二手房的次数会更多，买方搜寻持时会更长。

本书所构建的理论模型未包括二手房买卖居间服务结果的指标和二手房买卖居间行为过程的细化指标（如经纪人属性竞争次数等），但从总体上分析了佣金计算方式对二手房买卖居间行为的影响，下面通过实验数据，对理论分析的结果进行实证。

4.2 实验设计与实施

1. 实验设计

本实验（实验 2）的实验市场主体、客体、交易规则和奖励规则等设置与 3.3 节的二手房买卖居间行为研究的实验框架相同。为了检验和度量经纪人佣金计算方式对经纪人服务效果的影响实验共分 2 组，第 1 组实验中，采用比例佣金方式；在第 2 组实验中，采用固定佣金方式，每组实验包含 3 局完全相同的实验。共进行了 6 局实验。除佣金计算方式不同外，两组实验的其他设计完全相同。具体实验分组如表 4.1 所示。

	实验 2 的分组信息		表 4.1

实验组	分组依据	每组包含实验局数	每局被试人数	每组被试人数
比例佣金组	比例佣金方式	3	4	12
固定佣金组	固定佣金方式	3	4	12

比例佣金组和固定佣金组的实验界面设计如图 4.1、图 4.2 所示。两组实验设计和界面基本相同，唯一区别在于佣金计算方式不同，比例佣金组采用 2.5% 的比例佣金方式，固定佣金组根据两组佣金均值相等计算得到固定佣金为 7.45。两组实验界面的差异如图 4.1、图 4.2 所示中的黑色虚线所圈部分。

在实验中，买方判断二手房优劣的依据是买方收益函数，比例佣金方式组的买方收益函数为：

$$E_{bp}(A,B,P) = \sum_{i=1}^{4} b_i Q_i - P(1+2.5\%) \qquad (4-9)$$

其中，b_i 表示买方对二手房第 i 个属性的估价；Q_i 表示二手房第 i 个属性的等级；P 表示二手房交易价格；佣金比例为 2.5%。

经纪人收益函数为：

$$E_{brp}(P,N,c) = P \times 2.5\% - N \times c \qquad (4-10)$$

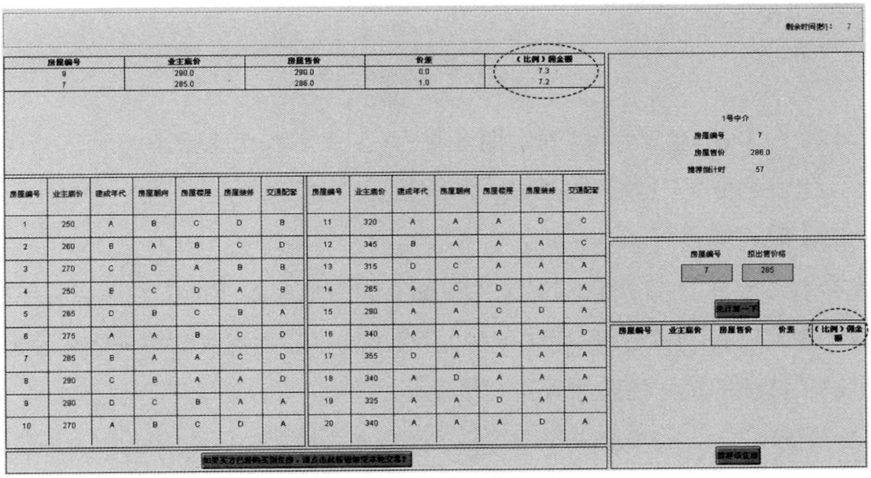

图 4.1　比例佣金组的实验界面设计

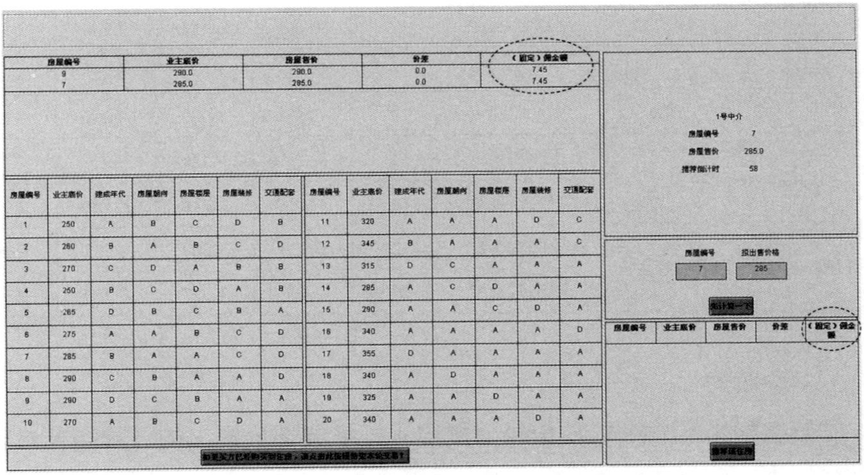

图 4.2　固定佣金组的实验界面设计

其中，P 表示二手房交易价格；佣金比例为 2.5%；N 表示经纪人推荐二手房的次数；c 表示经纪人推荐一次二手房的成本。

固定佣金方式组的买方收益函数为：

$$E_{bf}(A,B,P) = \sum_{i=1}^{4} b_i Q_i - P \tag{4-11}$$

经纪人收益函数为：

$$E_{brf}(\text{A}, N, c) = A - N \times c \qquad (4\text{-}12)$$

其中，A 表示经纪人的固定佣金收入；N 表示经纪人推荐二手房的次数；c 表示经纪人推荐一次二手房的成本。

2. 实验实施

本书共招募了 24 名现实经纪人参加实验，他们之前都没有参加类似的经济学实验的经验。在整个实验过程中，没有出现可能影响实验结果的意外事件，各组被试特征的统计描述如表 4.2 所示。

被试特征的统计描述　　　　　　　　　　　　　　　　表 4.2

被试特征	实验分组	数量	最小值	最大值	平均值	标准差
从业年限 Experience（年）	比例佣金组	12	1.000	8.000	2.917	2.610
	固定佣金组	12	1.000	12.000	2.750	3.388
受教育程度 Education（大专及以下 =0，大专以上 =1）	比例佣金组	12	0.000	1.000	0.750	0.452
	固定佣金组	12	0.000	1.000	0.667	0.492
年龄 Age（年）	比例佣金组	12	23.000	34.000	26.833	4.218
	固定佣金组	12	24.000	33.000	27.083	2.968
性别 Gender（女性 =0，男性 =1）	比例佣金组	12	0.000	1.000	0.667	0.492
	固定佣金组	12	0.000	1.000	0.500	0.522

3. 实验数据

实验数据由 z-Tree 软件记录。按照实验框架部分提出的评价指标和检验假设的需要，将实验数据进行整理，实验数据的统计描述如表 4.3 所示。

实验数据　　　　　　　　　　　　　　　　表 4.3

指标类别	指标子类别	指标	实验组	数量	最小值	最大值	均值	标准差
二手房买卖居间服务过程类	经纪人服务努力程度类	经纪人推荐二手房的次数	比例佣金组	30	4.000	18.000	10.067	3.413
			固定佣金组	30	6.000	25.000	12.433	3.491
		经纪人推荐二手房的频率	比例佣金组	30	0.063	0.270	0.179	0.047
			固定佣金组	30	0.090	0.219	0.158	0.025

续表

指标类别	指标子类别	指标	实验组	数量	最小值	最大值	均值	标准差
二手房买卖居间服务过程类	经纪人服务竞争策略类	经纪人价格竞争次数	比例佣金组	30	0.000	2.000	0.233	0.504
			固定佣金组	30	0.000	2.000	0.433	0.626
		经纪人属性竞争次数	比例佣金组	30	4.000	17.000	9.800	3.305
			固定佣金组	30	6.000	24.000	12.000	3.484
二手房买卖居间服务结果类	买方搜寻成本类	买方支付佣金额	比例佣金组	30	6.475	8.865	7.567	0.687
			固定佣金组	30	7.388	7.435	7.419	0.009
		买方搜寻二手房数	比例佣金组	30	1.000	6.000	2.367	1.217
			固定佣金组	30	1.000	4.000	2.267	1.081
		买方搜寻持时	比例佣金组	30	36.000	108.000	57.500	17.200
			固定佣金组	30	64.000	114.000	77.667	12.030
	买方搜寻收益类	买方需求与二手房属性的偏误程度	比例佣金组	30	0.000	4.123	1.982	1.440
			固定佣金组	30	0.000	4.123	0.684	1.203
		买方估价与成交价之差	比例佣金组	30	9.500	41.900	23.270	7.923
			固定佣金组	30	14.000	42.000	26.883	7.223

4.3　实证检验：基于实验数据

1. 佣金计算方式对二手房买卖居间行为过程的影响

为分析佣金计算方式对二手房买卖居间行为过程的影响，首先将固定佣金组与比例佣金组二手房买卖居间行为过程指标绘制成图 4.3，以获取直观的比较结果。

从图 4.3 中，可以看出固定佣金组的经纪人推荐二手房次数（10.067 次对12.433 次）和经纪人属性竞争次数（9.800 次对 12.000 次）都明显高于比例佣金组，比例佣金组的经纪人推荐二手房频率指标略高于固定佣金组的经纪人推荐二手房频率指标。为了对这一直观的比较结果进行进一步的检验，这里仍采用非参数检验方法中的两独立样本检验方法曼 - 惠特尼 U 检验（Mann-Whitney U Test）对两组实验结果进行检验，检验结果如表 4.4 所示。

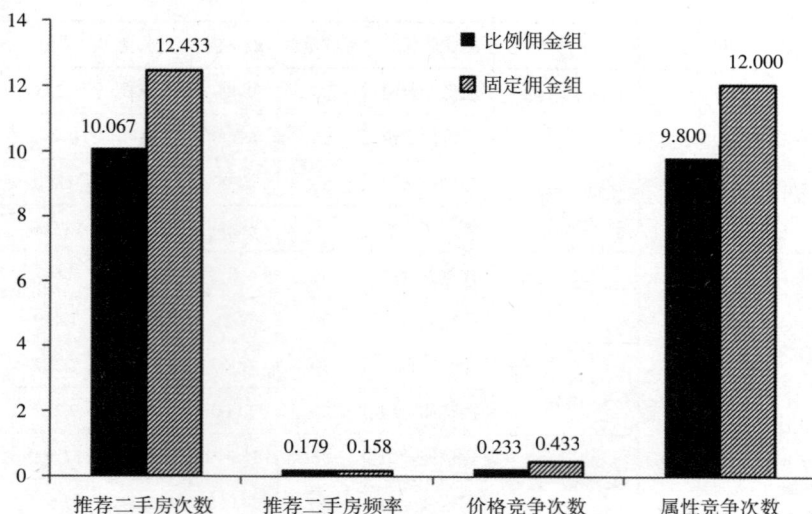

图 4.3　固定佣金组与比例佣金组行为过程指标值对比图

两组行为过程指标值的 Mann-Whitney U test 检验结果　　　　表 4.4

行为过程指标子类别	行为过程指标	比例佣金组		固定佣金组		两组中的指标值是否有显著差异（p-value）
		均值	标准差	均值	标准差	
经纪人服务努力程度类	经纪人推荐二手房的次数	10.067	3.413	12.433	3.491	有（0.004）
	经纪人推荐二手房的频率	0.179	0.047	0.158	0.025	无（0.052）
经纪人服务竞争策略类	经纪人价格竞争次数	0.233	0.504	0.433	0.626	无（0.156）
	经纪人属性竞争次数	9.800	3.305	12.000	3.484	有（0.011）

　　表 4.4 显示的比例佣金组经纪人推荐二手房次数（99% 置信水平）和经纪人属性竞争次数都显著（95% 置信水平）低于固定佣金组。比例佣金组与固定佣金组的经纪人推荐二手房频率没有显著差异。这表明，经纪人在比例佣金方式下工作，会减少推荐二手房的总次数和属性竞争次数。

　　2. 佣金计算方式对二手房买卖居间行为结果的影响

　　佣金计算方式对于二手房买卖居间行为过程的上述影响最终将影响到居间行为的结果。佣金计算方式对于二手房买卖居间行为结果的影响分析主要从买方搜寻成本和收益两大方面，共五个指标进行。买方搜寻成本方面主要考虑买方支付佣金额、买方搜寻二手房数和买方搜寻时，买方搜寻收益方面主要考虑买方需求与住房属性的偏误程度和买方购房资金节省。

　　为分析佣金计算方式对二手房买卖居间行为结果的影响，首先将比例佣金组和固定佣金组的二手房买卖居间行为结果指标绘制成图 4.4，以获取直观的比较结果。

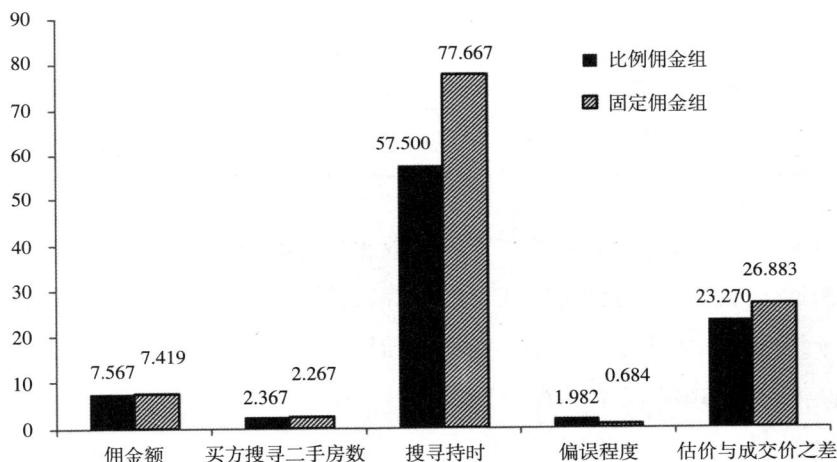

图 4.4　比例佣金组和固定佣金组行为结果指标值对比图

　　从图 4.4 中可以看出，只有比例佣金组和固定佣金组的买方搜寻持时存在较大差异，比例佣金组的搜寻持时（57.500 秒）明显短于固定佣金组的搜寻持时（77.667 秒），而两组的买方支付佣金额、买方搜寻二手房数、买方需求与二手房属性的偏误程度、买方估价与成交价之差则相差不大。为了对这一直观的比较结果进行进一步的检验，这里仍采用 Mann-Whitney U Test 对两组实验结果进行非参数检验，检验结果如表 4.5 所示。

　　表 4.5 显示比例佣金组的买方搜寻持时显著（99% 置信水平）低于固定佣金组的买方搜寻持时，而买方需求与二手房属性的偏误程度则显著（99% 置信水平）高于固定佣金组。比例佣金组与固定佣金组的其他行为结果指标没有显著差异。这表明，经纪人在比例佣金方式下工作，推荐二手房的总次

数和属性竞争次数均减少，搜寻持时也更短，搜寻到的二手房与买方需求的匹配程度显著降低。假设 4 被证实。

两组行为结果指标值的 Mann-Whitney U test 检验结果 表 4.5

行为结果 指标类别	行为结果指标	比例佣金组		固定佣金组		两组中的指标值是否 有显著差异（p-value）
		均值	标准差	均值	标准差	
买方搜寻 成本类	买方支付佣金额	7.567	0.687	7.419	0.009	无（0.657）
	买方搜寻二手房数	2.367	1.217	2.267	1.081	无（0.860）
	买方搜寻持时	57.500	17.200	77.667	12.030	有（0.000）
买方搜寻 收益类	买方需求与二手房 属性的偏误程度	1.982	1.440	0.684	1.203	有（0.000）
	买方估价与成交价 之差	23.270	7.923	26.883	7.223	无（0.046）

根据佣金计算方式对推荐二手房次数和搜寻持时的影响，本书发现相比较比例佣金方式，固定佣金方式下的推荐次数更多，搜寻持时更久。这与之前基于经纪人服务理论模型进行的比较结果相一致。除此之外，佣金计算方式对其他指标的影响均不显著。

第 5 章

买方支付意愿信息传递对房地产经纪人行为的影响

5.1　理论分析与研究假设

在二手住房市场中，经纪人与买方之间存在严重的信息不对称。经纪人拥有大量的政策信息、市场供求信息和价格信息等，而买方只拥有个人支付能力、心理底价信息，对住房的属性和相关配套的了解程度也不如经纪人，处于明显的信息劣势地位（张红和张洋，2013）。在买方委托经纪人搜寻住房的过程中，经纪人同时为买卖双方提供服务，其目标是尽快促成交易，收取佣金，所以买方常常感到经纪人并不是完全可靠的。

住房市场的信息不对称现象非常严重。在住房买方与经纪人之间，经纪人明显处于信息优势地位，其拥有住房供求信息、住房价格信息、住房属性信息等；相比之下，买方仅在支付意愿信息和对心理底价信息方面多于经纪人，其他如住房供求信息、住房价格信息等均少于经纪人，处于明显的信息劣势地位。

在处于信息劣势和经纪人不完全可靠的情况下，买方面临与经纪人博弈以保障自身利益的难题。在现实住房市场中，买方一般不向经纪人直接传递私人信息，即不将自己的支付能力、心理底价等信息直接传递给经纪人，防止这些信息被经纪人利用，导致买方高价购买。然而，这类措施所起到的作用大小和作用机理尚不清楚。本节将研究买方支付意愿信息传递对住房搜寻的影响。

买方将支付意愿信息直接传递给经纪人是在增大经纪人与买方之间的信息不对称程度，这将导致买方处于更加不利的信息劣势地位，经纪人利用买方支付意愿信息，致使买方高价购买住房，以提高佣金收入（张红和张洋，2013）。同时，由于买方支付意愿信息间接反映出买方对住房属性的偏好，买方透露支付意愿信息会使经纪人在推荐住房时更有针对性，更容易推荐符合买方需求的住房，可以减少经纪人之间的价格竞争次数和属性竞争次数，缩短搜寻持时。据此，本书提出：

假设5:买方向经纪人传递支付意愿信息，会减少经纪人的属性竞争次数、减少经纪人之间的价格竞争次数、减少搜寻时间，但会减少买方估价与成交价之差。

5.2 实验设计与实施

1. 实验设计

本实验（实验 3）的实验市场主体、客体、交易规则和奖励规则等设置与第 3 章的二手房买卖居间行为研究的实验框架相同。为了检验和度量买方支付意愿信息[①]传递对经纪人服务效果的影响，实验共分 2 组，第 1 组实验中，买方不向经纪人传递其支付意愿信息；在第 2 组实验中，买方向经纪人传递其支付意愿信息。每组实验包含 4 局完全相同的实验。共进行了 8 局实验。实验 3 的具体分组如表 5.1 所示。

实验组	分组依据	每组包含实验局数	每局被试人数	每组被试人数
无信息传递组	买方不传递支付意愿信息	4	4	16
有信息传递组	买方传递支付意愿信息	4	4	16

实验 3 分组信息   表 5.1

两组实验的界面设计如图 5.1、图 5.2 所示。

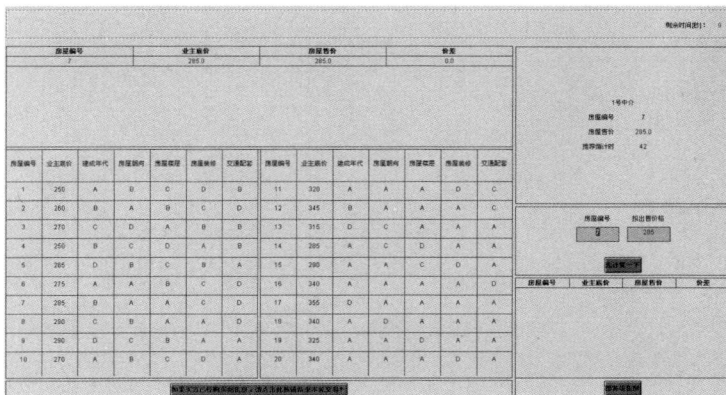

图 5.1 无信息传递组实验界面

---

① 实验中买方的支付意愿信息指：买方对经纪人所推荐二手房的心理估价，也就是如果买方购买该二手房，愿意支付的最高价格。

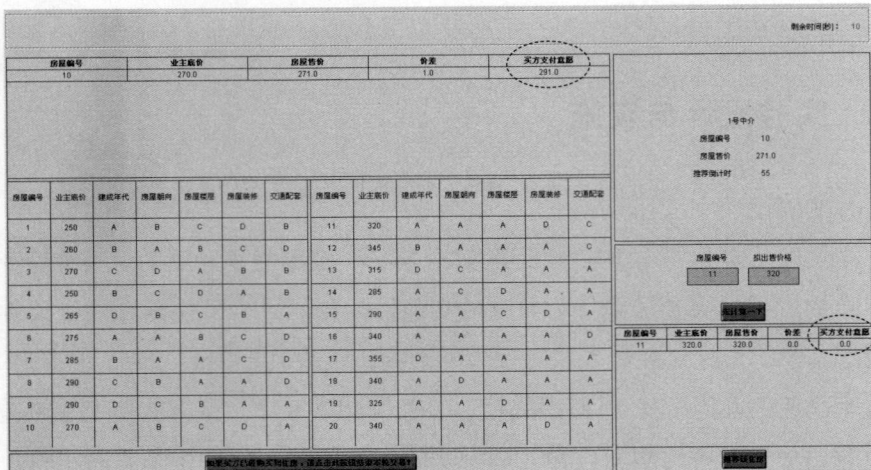

图 5.2　有信息传递组的实验界面

2. 实验实施

随机将被试分为 2 组，各组被试特征的统计描述如表 5.2 所示。

						表 5.2

被试分组特征的统计描述

被试特征	实验分组	数量	最小值	最大值	平均值	标准差
从业年限 Experience（年）	无信息传递组	16	1.000	5.000	2.563	1.590
	有信息传递组	16	1.000	4.000	2.063	1.181
受教育程度 Education（大专及以下 =0，大专以上 =1）	无信息传递组	16	0.000	1.000	0.500	0.516
	有信息传递组	16	0.000	1.000	0.375	0.500
年龄 Age（年）	无信息传递组	16	21.000	33.000	25.938	3.586
	有信息传递组	16	19.000	34.000	25.563	3.651
性别 Gender（女性 =0，男性 =1）	无信息传递组	16	0.000	1.000	0.875	0.342
	有信息传递组	16	0.000	1.000	0.750	0.447

3. 实验数据

实验共实施了 8 组。实验结果由实验软件 z-Tree 记录。实验数据如表 5.3 所示。

实验数据　　　　　　　　　　　　　　　　　表 5.3

指标类别	指标子类别	指标	实验组	数量	最小值	最大值	均值	标准差
二手房买卖居间服务过程类	经纪人服务努力程度类	经纪人推荐二手房的次数	无信息传递组	40	2.000	24.000	13.400	4.986
			有信息传递组	40	5.000	30.000	13.100	4.551
		经纪人推荐二手房的频率	无信息传递组	40	0.028	0.246	0.158	0.053
			有信息传递组	40	0.068	0.327	0.168	0.052
	经纪人服务竞争策略类	经纪人价格竞争次数	无信息传递组	40	0.000	9.000	3.600	2.296
			有信息传递组	40	0.000	11.000	2.025	2.703
		经纪人属性竞争次数	无信息传递组	40	2.000	19.000	9.800	3.244
			有信息传递组	40	5.000	21.000	11.075	4.122
二手房买卖居间服务结果类	买方搜寻成本类	买方支付佣金额	无信息传递组	40	6.470	8.845	7.263	0.628
			有信息传递组	40	6.700	8.855	7.413	0.674
		买方搜寻二手房数	无信息传递组	40	1.000	5.000	2.575	1.083
			有信息传递组	40	1.000	5.000	2.350	0.975
		买方搜寻持时	无信息传递组	40	54.000	180.000	87.700	29.483
			有信息传递组	40	39.000	180.000	82.550	33.892
	买方搜寻收益类	买方需求与二手房属性的偏误程度	无信息传递组	40	0.000	4.796	0.798	1.373
			有信息传递组	40	0.000	4.243	0.726	1.395
		买方估价与成交价之差	无信息传递组	40	8.000	42.000	25.600	7.987
			有信息传递组	40	10.000	42.000	26.375	7.277

5.3　实证检验：基于实验数据

1. 买方支付意愿信息传递对二手房买卖居间行为过程的影响

为分析买方支付意愿信息传递对二手房买卖居间行为过程的影响，首先将无信息传递组与有信息传递组二手房买卖居间行为过程指标绘制成图 5.3，以获取直观的比较结果。

从图 5.3 中，可以看出无信息传递组的价格竞争次数明显高于有信息传递组（3.600 次对 2.025 次），而两组经纪人推荐二手房次数、经纪人推荐二手房频率、经纪人属性竞争次数都没有明显差异，较为接近。为了对这一直观的比较结果进行进一步的检验，这里采用非参数检验方法中的两独立样本检

验方法曼 - 惠特尼 U 检验（Mann-Whitney U Test）对两组实验结果进行检验，检验结果如表 5.4 所示。

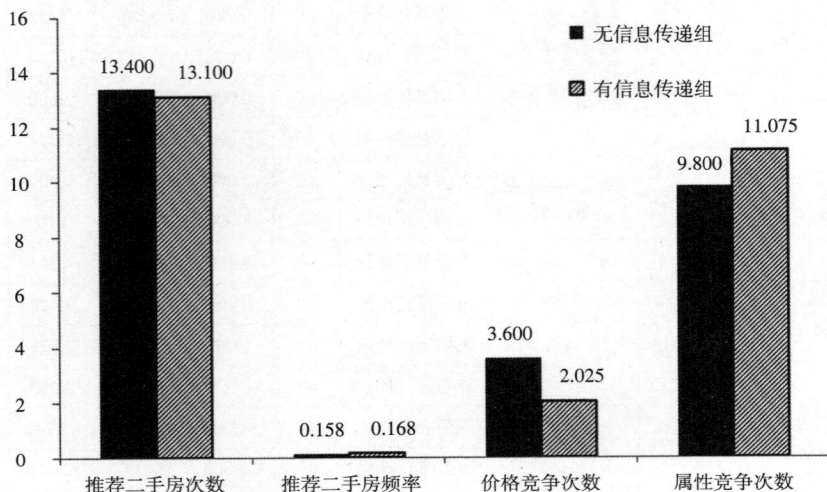

图 5.3　有无信息传递组行为过程指标值对比图

有无信息传递组行为过程指标值的 Mann-Whitney U test 检验结果　　　表 5.4

行为过程指标子类别	行为过程指标	无信息传递组		有信息传递组		两组中的指标值是否有显著差异（p-value）
		均值	标准差	均值	标准差	
经纪人服务努力程度类	经纪人推荐二手房的次数	13.400	4.986	13.100	4.551	无（0.695）
	经纪人推荐二手房的频率	0.158	0.053	0.168	0.052	无（0.825）
经纪人服务竞争策略类	经纪人价格竞争次数	3.600	2.296	2.025	2.703	有（0.001）
	经纪人属性竞争次数	9.800	3.244	11.075	4.122	无（0.403）

表 5.4 显示，无信息传递组的经纪人价格竞争次数显著多于有信息传递组（99% 的置信水平）。两组中的其他行为过程指标没有显著差异。

2. 买方支付意愿信息传递对二手房买卖居间行为结果的影响

买方支付意愿信息传递对于二手房买卖居间行为过程的上述影响最终将

影响到居间行为的结果。买方支付意愿信息传递对于二手房买卖居间行为结果的影响分析主要从买方搜寻成本和收益两大方面，共五个指标进行。买方搜寻成本方面主要考虑买方支付佣金额、买方搜寻二手房数和买方搜寻持时，买方搜寻收益方面主要考虑买方需求与住房属性的偏误程度和买方估价与成交价之差。

　　为分析买方支付意愿信息传递对二手房买卖居间行为结果的影响，首先，将无信息传递组和有信息传递组的二手房买卖居间行为结果指标绘制成图 5.4，以获取直观的比较结果。

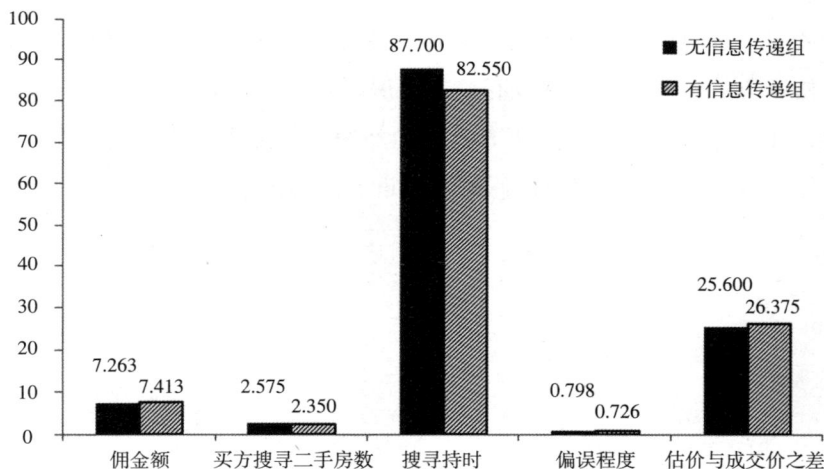

图 5.4　两组行为结果指标值对比图

　　从图 5.4 中，可以看出，无信息传递组和有信息传递组的买方支付佣金额、买方搜寻二手房数、买方搜寻持时、买方需求与二手房属性的偏误程度、买方估价与成交价之差都相差不明显。可能买方支付意愿信息的传递对二手房买卖居间行为结果没有显著的影响。为了对这一直观的比较结果进行进一步的检验，这里仍采用 Mann-Whitney U Test 对两组实验结果进行非参数检验，检验结果如表 5.5 所示。

两组行为结果指标值的 Mann-Whitney U test 检验结果   表 5.5

行为结果指标类别	行为结果指标	无信息传递组		有信息传递组		两组中的指标值是否有显著差异（p-value）
		均值	标准差	均值	标准差	
买方搜寻成本类	买方支付佣金额	7.263	0.628	7.413	0.674	无（0.269）
	买方搜寻二手房数	2.575	1.083	2.350	0.975	无（0.366）
	买方搜寻持时	87.700	29.483	82.550	33.892	无（0.277）
买方搜寻收益类	买方需求与二手房属性的偏误程度	0.798	1.373	0.726	1.395	无（0.575）
	买方估价与成交价之差	25.600	7.987	26.375	7.277	无（0.756）

　　表 5.5 显示，无信息传递组与有信息传递组的五个行为结果指标均没有显著差异。这表明，买方支付意愿信息传递仅带来了经纪人推荐二手房次数和价格竞争的显著减少，并没有对二手房买卖居间行为结果产生显著的影响。因此，在现实交易过程中，买方是否向经纪人传递买方支付意愿信息对于其搜寻二手房的结果没有显著的影响。假设 5 没有被证实。

第 6 章

买方购房时限信息传递对房地产经纪人行为的影响

6.1　买方购房时限信息传递影响的理论分析与研究假设

时间压力（Time Pressure）指决策者感觉完成任务的期限越来越紧迫而形成的焦虑程度（Maule、Hockey 和 Bdzola，2000；刘金平和李红锋，2008）。时间压力对于人的决策有重要的影响。Payne、Bettman 和 Johnson（1993），王大伟（2009）认为当人们面临不同的时间压力时，会在努力程度和决策质量之间进行权衡。Kocher、Pahlke 和 Trautmann（2013）等其他一些学者的研究表明人们面临时间压力时，会调整其接收和处理信息的速度和方式，以及决策方式和对风险态度。在搜寻匹配行为受时间压力影响的研究方面。Sutter、Kocher 和 Strauß（2003），Kocher 和 Sutter（2006），Ibanez、Czermak 和 Sutter（2009）的研究表明，当面临时间压力时，决策者也会在决策速度和准确度之间进行权衡，而且经验有助于决策者提高应对时间压力的能力。在住房市场上，住房经纪人常常被要求在一定的时间限制内为买方搜寻住房或为卖方出售住房。较紧迫的时间限制会给经纪人带来一定的时间压力，并可能会对经纪人的服务策略、态度等产生影响，最终影响二手房买卖居间行为。

以往的研究表明，经纪人在面临时间压力时会权衡决策准确度和决策速度，以追求自身利益最大化。因此，本书构建经纪人决策准确度和速度对经纪人服务努力程度、服务持续时间和服务效果影响的理论模型。

首先，设定经纪人在高时间压力和低时间压力下的服务努力程度 $E(A,S)_h$ 和 $E(A,S)_l$ 分别为：

$$E(A,S)_h = a \times (A \times S^h), h > 1;$$
$$E(A,S)_l = a \times (A^l \times S), l > 1 \tag{6-1}$$

其中，a 表示经纪人决策对服务努力程度的影响系数；A 表示经纪人决策准确度；S 表示经纪人决策速度；h 表示高时间压力下的经纪人决策速度对服务努力程度的贡献度，$h > 1$ 表示高时间压力下，服务努力程度主要由经纪人决策速度决定；l 表示低时间压力下的经纪人决策准确度对服务努力程度的贡献度，$l > 1$ 表示低时间压力下，服务努力程度主要由经纪人决策准确度决定。

其次，设定经纪人在高时间压力和低时间压力下的服务持续时间 $S(A,S)_h$ 和 $S(A,S)_l$ 分别为：

$$S(A,S)_h = b \times (A \times S^h), h > 1;$$
$$S(A,S)_l = b \times (A^l \times S), l > 1 \tag{6-2}$$

其中，b 表示经纪人决策对服务持续时间的影响系数。

最后，设定服务效果函数 $R(A,S)_h$ 和 $R(A,S)_l$ 如下：

$$R(A,S)_h = c \times (A \times S^h), h > 1;$$
$$R(A,S)_l = c \times (A^l \times S), l > 1 \tag{6-3}$$

其中，c 表示经纪人决策对服务效果的影响系数。

此外，经纪人在高时间压力和低时间压力下的佣金收入 π_{bh} 和 π_{bl} 分别为：

$$\pi_{bh} = P[R(A,S)_h, T] - c_1 \times E(A,S)_h - c_2 \times S(A,S)_h;$$
$$\pi_{bl} = P[R(A,S)_l, T] - c_1 \times E(A,S)_l - c_2 \times S(A,S)_l \tag{6-4}$$

其中，$P[R(A,S)_h, T]$ 表示住房交易价格，住房交易价格是住房类型和服务效果的函数；$c_1 \times E(A,S)_h$ 表示经纪人推荐住房的成本，服务成本由单位服务努力程度成本 c_1 和服务努力程度 $E(A,S)_h$ 共同决定；$c_2 \times S(A,S)_h$ 表示经纪人的时间成本，由经纪人的单位服务时间成本 c_2 和服务持续时间 $S(A,S)_h$ 共同决定。

在高时间压力下，经纪人会在决策准确度和决策速度之间进行权衡，做出能够最大化其收益的决策。假设 A_h 和 S_h 是经纪人收益最大化时决策准确度和决策速度，则有：

$$\pi_{bh} - \pi_{bl} = (p \times c \times T - c_1 \times a - c_2 \times b) \times (A_h S_h^b - A_h^b S_h) \geq 0 \tag{6-5}$$

一般来说，经纪人的收益应当大于其成本时，经纪人才会提供服务，即：$[(p \times c \times T) - (c_1 \times a) - (c_2 \times b)] \geq 0$。又因为：$(A_h S_h^a - A_h^a S_h) = A_h S_h (S_h^{a-1} - A_h^{a-1}) \geq 0$，所以 $A_h \leq S_h$。这表明经纪人在高时间压力下会加快决策速度，牺牲决策准确度。反之，在低时间压力下有：$\pi_{bh} - \pi_{bl} \geq 0$，所以 $A_l \geq S_l$，即经纪人提高决策准确度，降低决策速度。

基于经纪人在时间压力下的决策策略，分别比较高和低时间压力下的经纪人服务努力程度、服务持续时间和服务效果。

$$R(A,S)_h - R(A,S)_l = c \times (A_h S_h^h - A_l^l S_l), (h > 1, l > 1) \qquad （6-6）$$

因为，$c > 0$，$A_h < S_h$，$A_l < S_l$，$h > 1$ 和 $l > 1$，所以 $A_h S_h^h - A_l^l S_l < 0$，由此可得 $R(A,S)_h < R(A,S)_l$。同理可得：$E(A,S)_h < E(A,S)_l$ 和 $S(A,S)_h < S(A,S)_l$。

据此提出：

假设6：相比较低时间压力，经纪人在高时间压力下的推荐二手房次数会更少，买方搜寻持续时间会缩短，但买方需求与二手房属性的偏误程度会增加。

6.2　实验设计与实施

1. 实验设计

本实验（实验4）的实验市场主体、客体、交易规则和奖励规则等设置与第3章的二手房买卖居间行为研究的实验框架相同。为了检验和度量时间对经纪人服务效果的影响实验共分两组：高时间压力组和低时间压力组。两组实验的唯一区别在于买方对最满意住房的等待时间 N 的大小。当持续 N 秒没有新的更让买方满意的住房出现，买方就购买该住房。在时间压力测试组，不设置 N，即构造一个无时间压力的环境，经纪人之间自由竞争。在低时间压力和高时间压力组中，各包含4局完全相同的实验。共进行了8局实验。具体实验分组如表6.1所示。

实验4分组信息				表6.1
实验组	分组依据	每组包含实验局数	每局被试人数	每组被试人数
低时间压力组	买方购房倒计时为45秒	4	4	16
高时间压力组	买方购房倒计时为30秒	4	4	16

两组实验的界面设计相同，如图6.1所示，区别在于推荐倒计时部分，如图6.1所示中黑色虚线所圈部分。在低时间压力组，推荐倒计时从45秒开始，在高时间压力组，推荐倒计时从30秒开始。

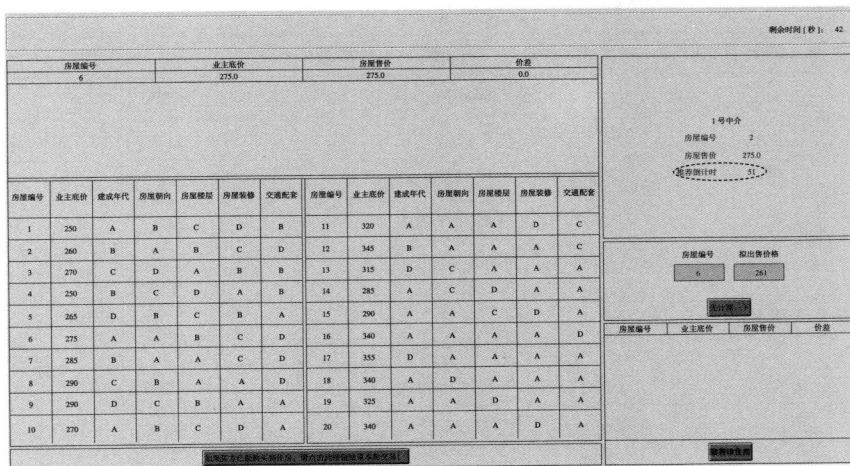

图 6.1　两组实验的界面设计

2. 实验实施

实验 4 的每局实验随机分配 4 人。为保证实验结果的稳定性，每组实验各重复进行 4 局，共进行 8 局实验。累计 32 人参与实验，共交易 80 轮。被试特征的统计描述如表 6.2 所示。

被试分组特征的统计描述　　　　　　　　　　　　　表 6.2

被试特征	实验分组	数量	最小值	最大值	平均值	标准差
从业年限 Experience（年）	低时间压力组	16	1.000	8.000	3.875	2.363
	高时间压力组	16	1.000	7.000	3.313	1.957
受教育程度 Education（大专及以下 =0，大专以上 =1）	低时间压力组	16	0.000	1.000	0.188	0.403
	高时间压力组	16	0.000	1.000	0.250	0.447
年龄 Age（年）	低时间压力组	16	19.000	38.000	25.875	5.414
	高时间压力组	16	20.000	36.000	26.563	4.732
性别 Gender（女性 =0，男性 =1）	低时间压力组	16	0.000	1.000	0.688	0.479
	高时间压力组	16	0.000	1.000	0.625	0.500

3. 实验数据

实验共实施了 16 组。实验结果由实验软件 z-Tree 记录。实验数据如表 6.3 所示。

实验数据 表6.3

指标类别	指标子类别	指标	实验组	数量	最大值	最小值	均值	标准差
二手房买卖居间服务过程类	经纪人服务努力程度类	经纪人推荐二手房的次数	低时间压力组	40	32.000	5.000	14.475	4.825
			高时间压力组	40	22.000	3.000	11.150	4.661
		经纪人推荐二手房的频率	低时间压力组	40	0.326	0.068	0.218	0.067
			高时间压力组	40	0.343	0.077	0.225	0.075
	经纪人服务竞争策略类	经纪人价格竞争次数	低时间压力组	40	3.000	0.000	0.275	0.784
			高时间压力组	40	3.000	0.000	0.525	0.960
		经纪人属性竞争次数	低时间压力组	40	31.000	5.000	14.200	4.439
			高时间压力组	40	20.000	3.000	10.625	4.372
二手房买卖居间服务结果类	买方搜寻成本类	买方支付佣金额	低时间压力组	40	8.875	6.750	7.310	0.626
			高时间压力组	40	8.875	6.240	7.274	0.862
		买方搜寻二手房数	低时间压力组	40	5.000	1.000	2.700	1.224
			高时间压力组	40	4.000	1.000	2.175	0.958
		买方搜寻持时	低时间压力组	40	168.000	52.000	81.950	26.452
			高时间压力组	40	93.000	33.000	49.850	14.656
	买方搜寻收益类	买方需求与二手房属性的偏误程度	低时间压力组	40	3.464	0.000	0.358	0.867
			高时间压力组	40	5.831	0.000	2.843	1.574
		买方估价与成交价之差	低时间压力组	40	42.000	14.000	27.275	6.820
			高时间压力组	40	36.000	12.000	23.375	6.982

6.3 实证检验:基于实验数据

1. 买方购房时限信息传递对二手房买卖居间行为过程的影响

为分析买方购房时限信息传递对二手房买卖居间行为过程的影响,首先将低时间压力组与高时间压力组二手房买卖居间行为过程指标绘制成图6.2,以获取直观的比较结果。

从图6.2中,可以看出低时间压力组的经纪人推荐二手房次数(14.475对11.150)和经纪人属性竞争次数(14.200对10.625)都明显高于高时间压力组。低时间压力组和高时间压力组的经纪人推荐二手房频率分别为0.218次/秒和0.225次/秒,较为接近。

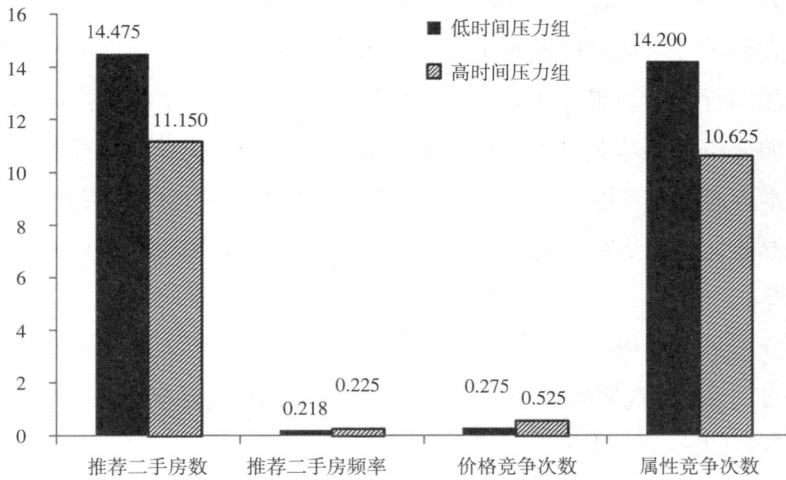

图 6.2　高低时间压力组行为过程指标值对比图

　　为了对这一直观的比较结果进行进一步的检验，这里采用非参数检验方法中的两独立样本检验方法曼 - 惠特尼 U 检验（Mann-Whitney U Test）对两组实验结果进行检验，检验结果如表 6.4 所示。

高低时间压力组行为过程指标值的 Mann-Whitney U test 检验结果　　　表 6.4

行为过程指标子类别	行为过程指标	低时间压力组		高时间压力组		两组中的指标值是否有显著差异（p-value）
		均值	标准差	均值	标准差	
经纪人服务努力程度类	经纪人推荐二手房的次数	14.475	4.825	11.150	4.661	有（0.002）
	经纪人推荐二手房的频率	0.218	0.067	0.225	0.075	无（0.577）
经纪人服务竞争策略类	经纪人价格竞争次数	0.275	0.784	0.525	0.960	无（0.114）
	经纪人属性竞争次数	14.200	4.439	10.625	4.372	有（0.001）

　　表 6.4 显示低时间压力组的经纪人推荐二手房的次数、经纪人价格竞争次数和经纪人属性竞争次数显著多于高时间压力组。两组中的经纪人推荐二手房的频率和没有显著差异。

2. 买方购房时限信息传递对二手房买卖居间行为结果的影响

买方购房时限信息传递对于二手房买卖居间行为过程的上述影响最终将影响到居间行为的结果。买方购房时限信息传递对于二手房买卖居间行为结果的影响分析主要从买方搜寻成本和收益两大方面，共五个指标进行。买方搜寻成本方面主要考虑买方支付佣金额、买方搜寻二手房数和买方搜寻持时，买方搜寻收益方面主要考虑买方需求与住房属性的偏误程度和买方估价与成交价之差。

为分析买方购房时限信息传递对二手房买卖居间行为结果的影响，首先将低时间压力组和高时间压力组的二手房买卖居间行为结果指标绘制成图 6.3，以获取直观的比较结果。

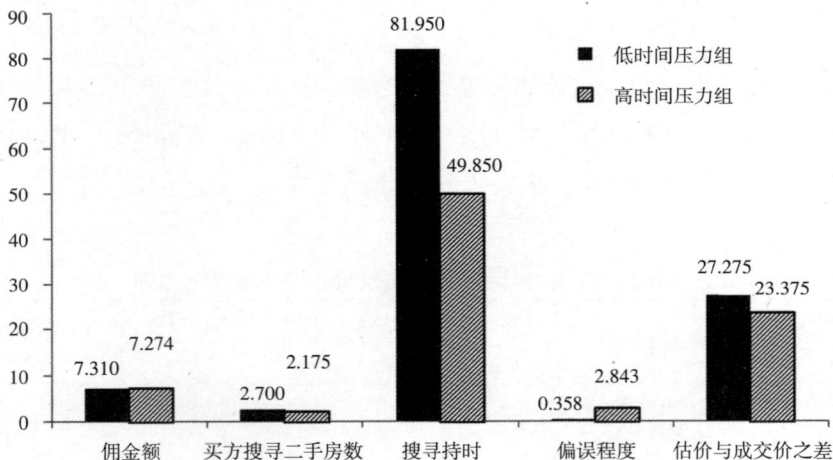

图 6.3　高低压力组行为结果指标值对比图

从图 6.3 中，可以看出，低时间压力组的买方搜寻持时明显高于高时间压力组，而低时间压力组的买方需求与二手房属性的偏误程度明显低于高时间压力组。两组的其他二手房买卖居间行为结果指标则相差不大。为了对这一直观的比较结果进行进一步的检验，这里仍采用 Mann-Whitney U Test 对两组实验结果进行非参数检验，检验结果如表 6.5 所示。

高低时间压力组行为结果指标值的 Mann-Whitney U test 检验结果　　　表 6.5

行为结果指标类别	行为结果指标	低时间压力组		高时间压力组		两组中的指标值是否有显著差异（p-value）
		均值	标准差	均值	标准差	
买方搜寻成本类	买方支付佣金额	7.310	0.626	7.274	0.862	无（0.461）
	买方搜寻二手房数	2.700	1.224	2.175	0.958	无（0.059）
	买方搜寻持时	81.950	26.452	49.850	14.656	有（0.000）
买方搜寻收益类	买方需求与二手房属性的偏误程度	0.358	0.867	2.843	1.574	有（0.000）
	买方估价与成交价之差	27.275	6.820	23.375	6.982	无（0.054）

表 6.5 显示，低时间压力组的买方搜寻持时在 99% 的置信水平下显著多于高时间压力组（81.950 秒对 49.850 秒）；低时间压力组的买方需求与二手房属性的偏误程度在 99% 的置信水平下显著小于高时间压力组（0.358 对 2.843）。低时间压力组与高时间压力组的买方支付佣金额、买方搜寻二手房数、买方估价与成交价之差则没有显著差异。假设 6 被证实。

综上，检验结果表明：相比低时间压力，经纪人在高时间压力条件下会选择减少服务努力的投入，并由此导致买方需求与住房属性的匹配程度降低和买方搜寻持时的缩短；经纪人佣金收入与时间压力无显著相关性，而与经纪人从业年限正相关。建议买方尽可能预留充足的时间进行搜寻住房，减少经纪人面临的时间压力。

第 7 章

房地产经纪人行为优化措施及效果检验

在第 3 ～ 6 章买方对二手房买卖居间行为影响实验研究的基础上，本章将从保护买方正当利益的角度，提出买方应对经纪人二手房买卖居间行为的措施建议，对应对措施的实施效果进行实验检验。首先，通过实验设计和参数的调整，构建应对措施实施之前和实施之后的实验环境；然后，对经纪人在不同环境下的居间服务行为进行直接观察和记录，采集实验数据；最后，基于实验数据，检验应对措施的实施效果，发现应对措施实施过程中可能出现的问题，并根据实施效果进一步完善应对措施。

7.1　买方应对措施

从保护买方正当利益为出发点，根据二手房买卖居间行为影响因素的研究结论，本书提出以下买方应对措施：

（1）建议买方委托从业经验丰富的经纪人为其提供服务

研究表明：经纪人的从业经验使得经纪人减少了推荐二手房的总次数、价格竞争次数和属性竞争次数，降低了服务成本；而且搜寻较短的时间，就能够购买到满意的二手房，即经纪人的经验帮助买方在不减少收益的情况下降低搜寻成本。因此，建议买方委托从业经验丰富的经纪人为其提供服务。对于经纪人的年龄、性别、学历等特征没有必要刻意关注。

（2）建议买方根据自身情况选择佣金计算方式

具体而言，当买方搜寻成本（如时间成本）较低、购房时限宽松时，应当采用比例佣金方式；相反，当买方搜寻成本高昂、购房时限紧张时，应当采用固定佣金方式。研究表明：相比固定佣金方式，经纪人在比例佣金方式下的推荐二手房的总次数、价格竞争次数和属性竞争次数都会显著减少，搜寻持时也更短，但搜寻到的二手房与买方需求的匹配程度略有降低。因此，买方选择固定佣金方式有助于购买到匹配程度更高的二手房，但搜寻持时和次数都会显著增加；而选择比例佣金方式时，会缩短搜寻持时和减少搜寻次数，但买方需求与二手房属性的匹配程度会略有降低。

（3）建议买方向经纪人传递支付意愿信息

研究结果表明：买方支付意愿信息传递能够减少经纪人价格竞争次数，且没对二手房搜寻结果产生显著的影响，因此在现实交易过程中，买方向经纪人传递买方支付意愿信息对于其搜寻二手房的结果没有显著的影响。考虑到巩固经纪人与买方之间的合作关系，当经纪人询问时，买方应当传递其支付意愿信息。

（4）建议买方根据自身情况选择佣金计算方式

一般来说，当买方非常在意需求偏好的满足、搜寻成本（如时间成本）较低时，应当向经纪人传递购房时限宽松的信息；相反，当买方不太在意需求偏好的满足，想加快购房进程时，应当向经纪人传递购房时限紧张的信息。研究表明：经纪人在高时间压力条件下会选择减少推荐次数，买方需求与住房属性的匹配程度降低、买方搜寻持时的缩短。因此，当买方非常在意需求偏好的满足，且搜寻成本（如时间成本）较低时，应当向经纪人传递购房时限宽松的信息；否则应当向经纪人传递购房时限紧张的信息。

上述研究结论与应对措施如表 7.1 所示。

二手房买卖居间行为影响研究结论和应对措施　　　　表 7.1

行为指标类别	行为指标	买方委托经纪人		买方信息传递	
		经纪人特征（从业经验多）	佣金计算方式（固定佣金方式）	买方支付意愿信息传递（传递支付意愿信息）	买方购房时限信息传递（高时间压力）
居间行为过程指标	经纪人推荐二手房的次数	减少	增加	不变	减少
	经纪人推荐二手房的频率	不变	不变	不变	不变
	经纪人价格竞争次数	减少	增加	减少	减少
	经纪人属性竞争次数	减少	增加	不变	减少
居间行为结果指标	买方支付佣金额	不变	不变	不变	不变

续表

行为指标类别	行为指标	买方委托经纪人		买方信息传递	
		经纪人特征（从业经验多）	佣金计算方式（固定佣金方式）	买方支付意愿信息传递（传递支付意愿信息）	买方购房时限信息传递（高时间压力）
居间行为结果指标	买方搜寻二手房数	不变	不变	不变	不变
	买方搜寻持时	减少	增加	不变	减少
居间行为结果指标	买方需求与二手房属性的偏误程度	不变	减少	不变	增加
	买方估价与成交价之差	不变	不变	不变	不变
应对措施		委托经验丰富的经纪人	根据自身情况选择佣金计算方式	传递支付意愿信息	根据自身情况选择购房时限信息传递

从表 7.1 中，各应对措施对二手房买卖居间行为过程和结果指标的影响可以看出：买方应当委托经验丰富的经纪人，并在搜寻过程中向经纪人传递其支付意愿信息。这两个应对措施不随买方自身情况而变化，属于确定性的应对措施。与此同时，对于佣金计算方式的选择和购房时限信息的传递方面的应对措施，要因人而异。

考虑到上述应对措施主要对买方搜寻持时和买方需求与二手房属性的偏误程度产生显著影响，对买方支付佣金额、买方搜寻二手房数和买方估计与成交价之差没有显著影响。本书据此将买方分为：1）在意买方搜寻持时和不在意买方需求与二手房属性的偏误程度的买方；2）不在意买方搜寻持时和在意买方需求与二手房属性的偏误程度的买方。针对每种类型买方提出相应的应对措施，如表 7.2 所示。

二手房买卖居间行为影响研究结论和应对措施　　　　　　　表 7.2

买方类型	应对措施
在意买方搜寻持时和不在意买方需求与二手房属性的偏误程度的买方	1）3 年以上从业经验的被试； 2）比例佣金方式； 3）传递买方支付意愿信息； 4）传递购房时限紧迫信息

买方类型	应对措施
不在意买方搜寻持时和在意买方需求与二手房属性的偏误程度的买方	1）3 年以上从业经验的被试； 2）固定佣金方式； 3）传递买方支付意愿信息； 4）传递购房时限宽松信息

7.2　买方应对措施实施效果的检验实验

7.2.1　实验设计与实施

限于篇幅，本书只对在意买方搜寻持时和不在意买方需求与二手房属性的偏误程度买方的应对措施进行实验检验。实验检验的思路主要是对比应对措施实施前后的二手房买卖居间服务行为过程和结果的差异。在实验中，通过改变实验参数设置体现应对措施实施前后的差异，分别设置未实施应对措施组和实施应对措施组。两组的实验参数设计参照第 3 章的二手房买卖居间行为研究的实验框架，并根据 7.1 节所提出的应对措施进行设计。

本书将检验实验分 2 组，第 1 组实验中，不实施应对措施；在第 2 组实验中，实施应对措施。每组实验包含 4 局完全相同的实验。共进行了 8 局实验。具体实验分组如表 7.3 所示。

实验 5 的分组信息				表 7.3
实验组	分组依据	每组包含实验局	每局被试人数	每组被试人数
未实施应对措施组	不实施应对措施	4	4	16
实施应对措施组	实施应对措施	4	4	16

未实施应对措施组和实施应对措施组的实验界面设计如图 7.1、图 7.2 所示。两组实验设计和界面基本相同，区别在黑色虚线框圈起的部分。

7.2.2　实验结果

检验实验共实施了 8 组。实验结果全部由实验软件 z-Tree 自动记录和导出。实验数据的统计描述如表 7.4 所示。

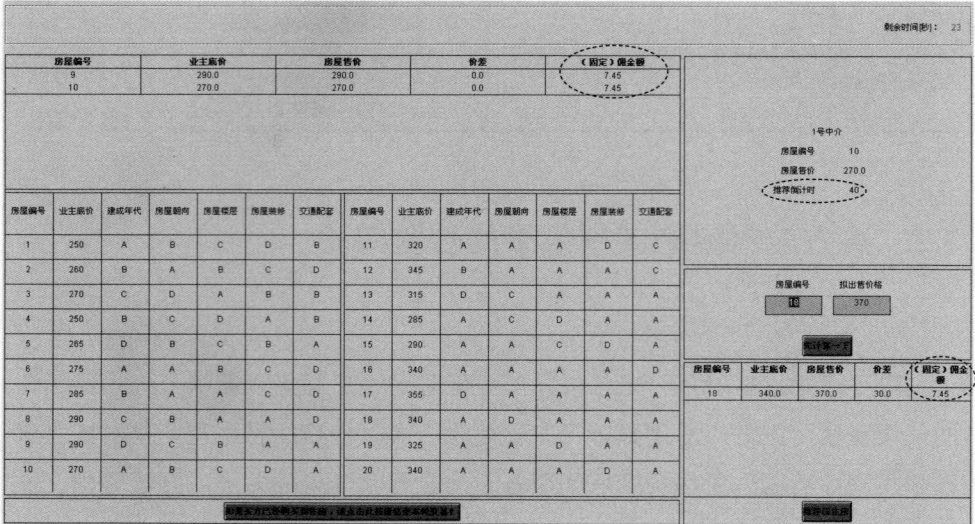

图 7.1 未实施应对措施组的实验界面设计

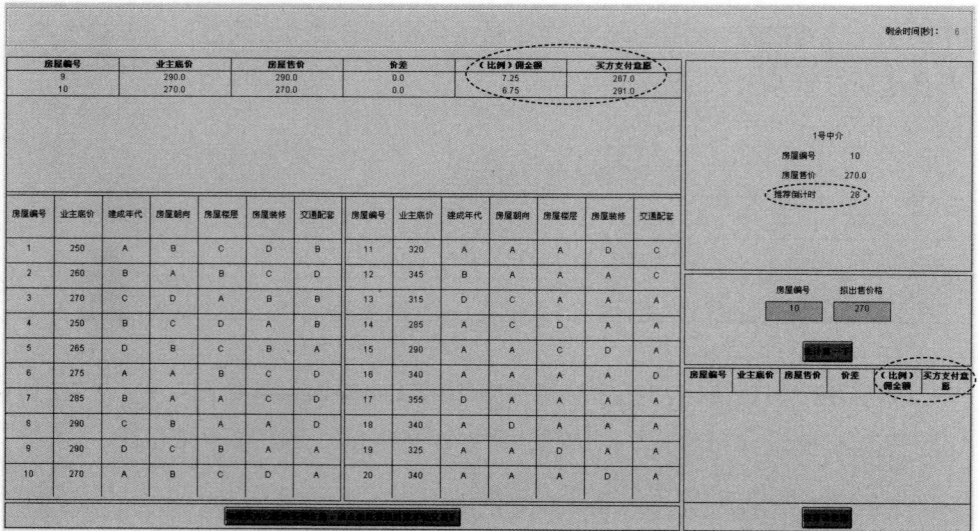

图 7.2 实施应对措施组的实验界面设计

实验数据的统计描述　　　　　　　　　　　　　　表 7.4

指标类别	指标子类别	指标	实验组	数量	最小值	最大值	均值	标准差
二手房买卖居间服务过程类	经纪人服务努力程度类	经纪人推荐二手房的次数	未实施应对措施组	40	3.000	23.000	13.775	4.382
			实施应对措施组	40	2.000	25.000	10.950	4.051
		经纪人推荐二手房的频率	未实施应对措施组	40	0.059	0.286	0.212	0.052
			实施应对措施组	40	0.051	0.333	0.229	0.062
	经纪人服务竞争策略类	经纪人价格竞争次数	未实施应对措施组	40	0.000	2.000	0.375	0.586
			实施应对措施组	40	0.000	1.000	0.200	0.405
		经纪人属性竞争次数	未实施应对措施组	40	3.000	21.000	13.400	4.247
			实施应对措施组	40	2.000	24.000	10.725	4.006
二手房买卖居间服务结果类	买方搜寻成本类	买方支付佣金额	未实施应对措施组	40	6.220	8.845	7.455	0.743
			实施应对措施组	40	7.380	7.440	7.419	0.011
		买方搜寻二手房数	未实施应对措施组	40	1.000	4.000	2.275	0.877
			实施应对措施组	40	1.000	4.000	2.333	0.955
		买方搜寻持时	未实施应对措施组	40	49.000	109.000	65.000	16.371
			实施应对措施组	40	35.000	84.000	47.650	11.028
	买方搜寻收益类	买方需求与二手房属性的偏误程度	未实施应对措施组	40	0.000	4.123	1.278	1.606
			实施应对措施组	40	0.000	4.583	1.557	1.710
		买方估价与成交价之差	未实施应对措施组	40	4.000	42.000	25.650	8.657
			实施应对措施组	40	3.000	42.000	24.663	7.982

7.3　基于实验数据的买方应对措施实施效果检验

7.3.1　应对措施对行为过程的影响

为分析应对措施对二手房买卖居间行为过程的影响，首先，将未实施应对措施组与实施应对措施组的二手房买卖居间行为过程指标绘制成图 7.3，以获取直观的比较结果。

从图 7.3 中，可以看出未实施应对措施组的经纪人推荐二手房次数（13.775 对 10.950）、经纪人属性竞争次数（13.400 对 10.725）都明显高于实施应对措施组。未实施应对措施组与实施应对措施组的经纪人推荐二手房频率分别为

0.212 次 / 秒和 0.229 次 / 秒，较为接近。两组的经纪人价格竞争次数分别为 0.375 次和 0.200 次，未实施应对措施组高于实施应对措施组，但不明显。

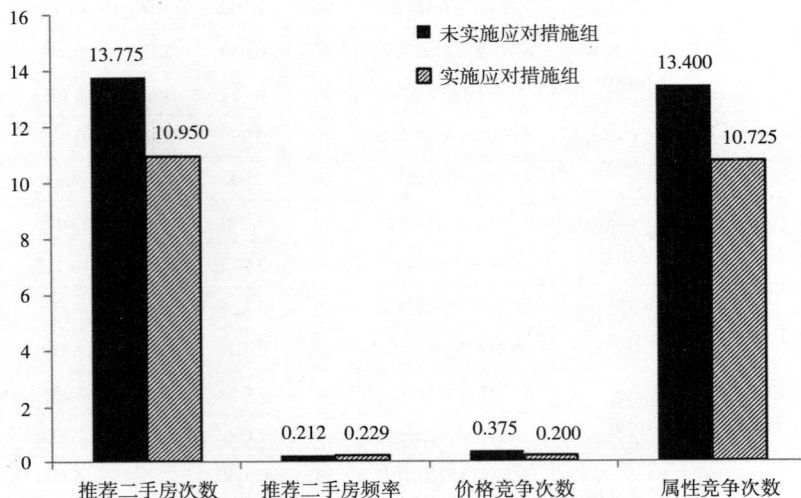

图 7.3 未实施应对措施组与实施应对措施组行为过程指标值对比图

为了对这一直观的比较结果进行进一步的检验，这里采用曼 - 惠特尼 U 检验对两组实验结果进行检验，检验结果如表 7.5 所示。

两组行为过程指标值的 Mann-Whitney U test 检验结果　　　　表 7.5

行为过程指标子类别	行为过程指标	未实施应对措施组		实施应对措施组		两组中的指标值是否有显著差异 (p-value)
		均值	标准差	均值	标准差	
经纪人服务努力程度类	经纪人推荐二手房的次数	13.775	4.382	10.950	4.051	有 (0.001)
	经纪人推荐二手房的频率	0.212	0.052	0.229	0.062	无 (0.122)
经纪人服务竞争策略类	经纪人价格竞争次数	0.375	0.586	0.200	0.405	无 (0.174)
	经纪人属性竞争次数	13.400	4.247	10.725	4.006	有 (0.001)

　　表 7.5 显示实施应对措施组的经纪人推荐二手房的次数和经纪人属性竞争次数都显著少于未实施应对措施组，而两组的经纪人价格竞争次数、经纪人推荐二手房的频率没有显著差异。这表明：经验丰富的经纪人在比例佣金方式的激励下，根据经纪人传递的支付意愿信息和紧迫的购房时限信息，调整了服务策略，经纪人同时减少了属性竞争次数，试图用更少的推荐次数来加速买方购房过程。

7.3.2　应对措施对行为结果的影响

　　应对措施对于二手房买卖居间行为过程的上述影响最终将影响到居间行为的结果。应对措施对于二手房买卖居间行为结果的影响分析主要从买方搜寻成本和收益两大方面，共五个指标进行。买方搜寻成本方面主要考虑买方支付佣金额、买方搜寻二手房数和买方搜寻持时，买方搜寻收益方面主要考虑买方需求与住房属性的偏误程度和买方估价与成交价之差。

　　为分析应对措施对二手房买卖居间行为结果的影响，首先将未实施应对措施组和实施应对措施组的二手房买卖居间行为结果指标绘制成图 7.4，以获取直观的比较结果。

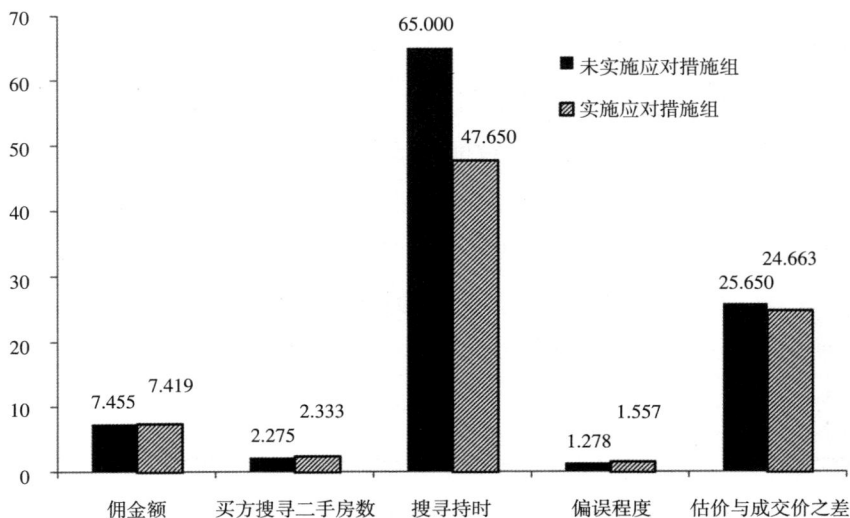

图 7.4　未实施应对措施组与实施应对措施组行为结果指标值对比图

从图 7.4 中，可以看出，实施应对措施组的买方搜寻二手房数和买方搜寻持时明显少于未实施应对措施组，而买方需求偏好与二手房属性的偏误程度则有较明显的增加。相比之下，两组的买方支付佣金额、买方估价与成交价之差则相差不大。为了对这一直观的比较结果进行进一步的检验，这里仍采用 Mann-Whitney U Test 对两组实验结果进行非参数检验，检验结果如表 7.6 所示。

两组行为结果指标值的 Mann-Whitney U test 检验结果　　　　　表 7.6

行为结果 指标类别	行为结果指标	未实施应对措施组		实施应对措施组		两组中的指标值是否有 显著差异 (p-value)
		均值	标准差	均值	标准差	
买方搜寻 成本类	买方支付佣金额	7.455	0.743	7.419	0.011	无 (0.460)
	买方搜寻二手房数	2.275	0.877	2.333	0.955	无 (0.928)
	买方搜寻持时	65.000	16.371	47.650	11.028	有 (0.000)
买方搜寻 收益类	买方需求与二手房 属性的偏误程度	1.278	1.606	1.557	1.710	有 (0.020)
	买方估价与成交价 之差	25.650	8.657	24.663	7.982	无 (0.647)

表 7.6 显示未实施应对措施组的买方需求与二手房属性的偏误程度（1.278 对 1.557）在 90% 的置信水平下显著小于实施应对措施组；买方搜寻持时（65.000 对 47.650）在 99% 的置信水平下显著多于实施应对措施组。两组的买方支付佣金额、买方搜寻二手房数、买方估价与成交价之差则没有显著差异。

以未实施应对措施组的各项指标为基准，实施应对措施组的各项指标有较为显著的改进。具体而言，实施应对措施后，经纪人推荐二手房的次数减少 20.5%，经纪人属性竞争次数减少 20.0%，买方搜寻持时减少 26.7%。与此同时，买方需求与二手房属性的偏误程度上升了 21.8%。

第 8 章

总结与展望

8.1 研究结论与建议

买方在二手房市场中处于信息劣势地位，其合理利益常常受到侵害。而且面对中立的房地产经纪人，买方往往不知如何选择合适的经纪人和与经纪人交互。然而，在买方普遍缺乏购买二手房的经验和知识的情况下，却难以获得购房指导和帮助。在理论背景方面，房地产经济学领域微观主体行为的研究较少，且缺少对"人"的关注。究其缘由，主要是住房市场微观主体行为的研究缺少有效数据的支持，而实验经济学方法能够有效克服当前缺少研究数据的困难。

基于上述现实背景与理论背景，本书在国外已有研究基础上，结合中国二手房市场环境特点与交易过程，在调研二手房买卖服务行为现状的基础上，借鉴经典实验研究方法，构建出本研究的实验框架；应用实验框架开展二手房买卖居间行为及其影响因素的研究；最后基于实验研究结论，提出优化调整二手房买卖居间行为的具体措施，并对措施的实施效果进行实验检验。

本书的研究结论与应对措施归纳如下。

8.1.1 研究结论

依据二手房买卖居间行为研究的实验框架，调整实验参数，设计实验，分别研究了经纪人特征、佣金计算方式、买方支付意愿信息传递和买方购房时限信息传递对二手房买卖居间行为的影响程度和机理，主要研究结论有以下四点。

1）在经纪人特征对二手房买卖居间行为过程影响方面，经纪人的从业经验使得经纪人减少了推荐二手房的总次数、价格竞争次数和属性竞争次数，降低了服务成本。有经验的经纪人使用了较少的推荐次数便促成了买卖双方的交易，赢得了竞争。经纪人的其他特征对二手房买卖居间行为过程没有显著影响。在经纪人特征对二手房买卖居间行为结果影响方面，经纪人的从业经验使得买方能够在不降低对住房满意程度的情况下，通过搜寻较少的二手房，搜寻较短的时间，就能够购买到二手房，即经纪人的经验帮助买方在不减少收益的情况下降低搜寻成本。

2）在佣金计算方式对二手房买卖居间行为过程影响方面，相比固定佣金方式，经纪人在比例佣金方式下的推荐二手房的总次数、价格竞争次数和属性竞争次数都会显著减少。在佣金计算方式对二手房买卖居间行为结果影响方面，经纪人在比例佣金方式下工作，推荐二手房的总次数、价格竞争次数和属性竞争次数均减少，搜寻持时也更短，搜寻到的二手房与买方需求的匹配程度略有降低。

3）在买方支付意愿信息传递对二手房买卖居间行为过程和结果影响方面，买方支付意愿信息传递并没有对二手房买卖居间行为过程和结果产生显著的影响，因此在现实交易过程中，买方是否向经纪人传递买方支付意愿信息对于其搜寻二手房的结果没有显著的影响。

4）在买方购房时限信息传递对二手房买卖居间行为过程影响方面，时间压力对经纪人推荐二手房的次数、经纪人价格竞争次数和经纪人属性竞争次数都负相关。在买方购房时限信息传递对二手房买卖居间行为结果影响方面，经纪人在高时间压力条件下会选择减少服务努力的投入，并由此导致买方需求与住房属性的匹配程度降低和买方搜寻持时的缩短；经纪人佣金收入与时间压力无显著相关性，而与经纪人从业年限正相关。建议买方尽可能预留充足的时间进行搜寻住房，减少经纪人面临的时间压力。

上述结论汇总至表 8.1。

二手房买卖居间行为影响研究结论

表 8.1

行为指标类别	行为指标	买方委托经纪人		买方信息传递	
		经纪人特征（从业经验多）	佣金计算方式（固定佣金方式）	买方支付意愿信息传递（传递支付意愿信息）	买方购房时限信息传递（高时间压力）
居间行为过程指标	经纪人推荐二手房的次数	减少	增加	不变	减少
	经纪人推荐二手房的频率	不变	不变	不变	不变
	经纪人价格竞争次数	减少	增加	减少	减少
	经纪人属性竞争次数	减少	增加	不变	减少

行为指标类别	行为指标	买方委托经纪人		买方信息传递	
		经纪人特征（从业经验多）	佣金计算方式（固定佣金方式）	买方支付意愿信息传递（传递支付意愿信息）	买方购房时限信息传递（高时间压力）
居间行为结果指标	买方支付佣金额	不变	不变	不变	不变
	买方搜寻二手房数	不变	不变	不变	不变
	买方搜寻持时	减少	增加	不变	减少
	买方需求与二手房属性的偏误程度	不变	减少	不变	增加
	买方估价与成交价之差	不变	不变	不变	不变

8.1.2 研究建议

根据二手房买卖居间行为影响因素的研究结论，本书提出以下买方应对措施的建议：

1）建议买方委托从业经验丰富的经纪人为其提供服务。

2）建议买方根据自身情况选择佣金计算方式。具体而言，当买方搜寻成本（如时间成本）较低、购房时限宽松时，应当采用比例佣金方式；相反，当买方搜寻成本高昂、购房时限紧张时，应当采用固定佣金方式。

3）建议买方向经纪人传递支付意愿信息。

4）建议买方应传递购买时限信息。具体来说，当买方非常在意需求偏好的满足、搜寻成本（如时间成本）较低时，应当向经纪人传递购房时限宽松的信息；相反，当买方不太在意需求偏好的满足，想加快购房进程时，应当向经纪人传递购房时限紧张的信息。

8.2 二手房买卖居间行为实验研究方法总结

8.2.1 实验的设计与实施

1. 二手房买卖居间行为实验的客体设计

与新建商品房一样，二手房也具备一般房地产商品的异质性特征。进行二手房买卖居间行为实验研究，首先要解决在实验设计中引入二手房异质性特征的问题。

在已发表的房地产实验研究成果中，房地产商品的设计大多没有引入其异质性的特征。由于 Northcraft 和 Neale（1987）研究的重点在于锚定效应的检验，房地产商品自身特征对于估价的影响不是研究的重点，尽管 Northcraft 和 Neale 要求被试实地踏勘住房，但他们的实验中并没有涉及在房地产商品中引入异质性的问题。此后，Yavas、Miceli 和 Sirmans（2001）及 Sahin、Sirmans 和 Yavas（2013）基于同一个房地产议价实验设计，分别开展了经纪人对议价过程和结果影响的实验研究。他们通过改变买卖双方的底价信息设计来间接体现房地产商品的异质性，实际上仍然是将房地产商品的议价问题等同于一般商品的议价问题，没有真正引入异质性特征。同样，在 Ong 等（2003）研究寡头开发商的市场行为的实验中（Yavas 和 Simans，2005）研究房地产领域的实物期权理论问题的实验中（Ikromov 和 Yavas，2012）研究房地产市场和资本市场的繁荣与衰败机理的实验中以及（张红、张洋和 Seiler，2013）研究房地产信息问题的实验中都没有真正引入房地产商品的异质性，而是采用了"回避"的策略。

在张红和张洋（2013）研究中的实验设计初步将房地产商品的异质性特征引入实验。他们在实验中设计房地产商品具有 A 和 B 两种非价格属性，每种属性从低到高分为 10 个等级，然后每套住房的价格与 A 和 B 属性的等级相关联。在实验中，经纪人可以选择不同属性 A 和属性 B 的住房推荐给买方，住房异质性的特征对于交易的影响被体现出来。

本书进一步改进房地产商品的设计方法，在二手房买卖居间行为实验中考虑更多的住房属性，同时优化属性等级的设计。实验中设计了住房的建成年代、房屋朝向、房屋楼层、房屋装修和交通配套五个方面的属性，每个属性在实验中均抽象为 A、B、C、D 四个等级，其中 A 级最优，D 级最劣。当然，本书设计中考虑的住房属性和等级划分方法在其他研究中可以进行适当的调整。

此外，还可以考虑在实验中引入图片和视频的方法来进一步体现房地产商品的异质性，让被试形成对住房的感性认识。同时要注意引入图片和视频的方法可能会给实验带来一系列不易控制的影响因素，如图片和视频对于不同被试的刺激程度和效果的差异等。

2. 二手房买卖居间行为实验的主体设计与被试选择

在房地产领域的实验中，有些被试的身份是个体，如房地产商品的买方、经纪人从业人员等；有些是集体，如开发商、广告公司、银行、经纪人公司、政府管理机构等。参与实验的被试如果以个体角色在实验中进行决策，则与现实房地产市场的情况较为一致；如以集体的角色进行决策，则与现实情况有一定差距，毕竟个体决策行为与集体决策行为之间是有一定的差异的。因此，在实验中，房地产交易主体的设计应尽量分配被试个体角色，即房地产领域适宜采用实验方法来研究微观个体决策行为和特征。

在被试选择方面，房地产领域现有的研究中，普遍采用的是学生被试，如（Northcraft 和 Neale，1987）；（Yavas、Miceli 和 Sirmans，2001）；（Ong 等，2003）；（Yavas 和 Simans，2005）；（Ikromov 和 Yavas，2012）；（Sahin、Sirmans 和 Yavas，2013）。（张红、张洋和 Seiler，2014），分别采用学生被试和从业人员被试来进行经纪人行为的实验研究，研究结果表明，当学生和经纪人从业人员都在实验中扮演经纪人角色时，两者之间存在显著的行为差异，学生难以充分理解和胜任专业性较强的经纪人角色。

本书建议：买方、卖方等非专业性的市场主体可以由学生被试担任；而对于经纪人、金融机构从业人员等专业性较强的市场主体则可以由真实市场的从业人员担任。此外，必要时可以考虑由计算机程序担任，计算机程序担任被试的好处是能够保持主体行为的稳定性、可度量性和可控性，不足之处是计算机程序缺少变化，往往难以反映现实主体的变化特征。

3. 二手房买卖居间行为实验的其他方面设计

二手房买卖居间行为实验的其他方面设计，可以遵从实验经济学的一般方法。在实验实施的步骤方面，按实施先后顺序可以将实验流程划分为实验前准备、实验实施和实验后工作三部分。首先，实验前准备工作主要包括：招募与确认被试、实验编程、实验材料准备和实验测试四个步骤；其次，实验实施工作主要包括：被试报到与组织、宣读实验说明书、演示实验软件、解答被试提问、进行训练实验、进行正式实验、问卷调查、发放现金八个步骤；最后，实验后工作主要包括：备份实验数据和分析实验数据两个步骤。

在实验类型的选择方面，一般采用计算机实验方式，不采用手工实验方式。这主要是由于实验被试以虚拟的身份，匿名在实验中通过计算机进行决策，即使坐在同一实验中，被试也不知道是谁在与其议价、交易，从而可以有效屏蔽因实验被试相识、外貌、性别等因素产生的干扰。其次，计算机实验有助于控制实验中的信息传递，在计算机实验中，被试之间的语言交流被禁止，取而代之的是通过计算机的信息传递，主持人能够利用计算机控制和记录被试之间信息传递的内容和传递方式，也能够通过计算机向被试准确发送一些内幕信息，且不会泄露给他人。第三，计算机实验有助于收集实验数据，而且实验内容和程序的固定和标准化，能够大幅提高实验效率。

8.2.2　实验方法的适用范围

与其他研究方法一样，实验经济学方法有其适用的范围和局限性。本书根据实验经济学方法的特点，提出房地产领域最适宜采用实验方法的几个方向。

1. 房地产市场微观主体的决策行为研究

实验经济学方法的第一个特点是真实的人参与实验。研究人员从现实社会招募学生、从业人员或其他人员作为被试参加实验，记录被试在实验环境下的决策和表现。也正是由于实验经济学的以人为研究对象，能够全方位记录人的行为的特点，这决定了实验经济学方法适宜研究房地产市场个体人的决策行为。房地产市场微观主体的决策行为也是目前房地产研究的成果较少的方向之一，由于在实验环境下，被试的行为能够被跟踪、观察和记录，可以获取大量反映微观主体行为的研究数据，相关的研究能够得以深入开展。（张红、张洋和 Seiler，2014）通过实验构建二手房市场，招募二手房经纪人从业人员参加实验，记录经纪人的行为，并对其行为特点和影响因素进行分析，进而提出建议。该研究正是利用了实验经济学方法真人被试的特点，获取了传统方法难以获取的关于经纪人行为（如经纪人推荐二手房的次数、频率等）的研究数据，有效支持了房地产市场微观主体的研究。本书也是实验方法适宜研究房地产市场微观主体决策的证据之一。

2. 房地产市场信息问题研究

实验经济学方法的第二个特点是对实验环境的高度可控，这使得研究人员能够控制和研究房地产市场的信息问题，而以往研究信息问题非常困难。首先，在现实的房地产市场中，房地产交易过程常常持续很长时间，在这一漫长过程中，交易主体所获取信息的来源、传递方向、内容和数量等都无法被观察和控制。其次，难以度量交易主体所获取的信息量，由于个人接受信息的能力和意愿不同，政府部门、商业机构所提供的信息服务的效果也不尽相同，在缺乏有效工具来度量交易主体掌握信息量的情况下，很难开展房地产市场信息问题的研究。

采用实验方法能够有效地克服上述困难。首先，在实验中，信息传递的内容、传递方向、传递路径都是受控的。通过实验市场交易机制和信息机制的设计，能够有效控制交易过程中的"信息流"，并能够通过实验软件等工具完整记录"信息流"。其次，通过实验参数设计，可以实现对房地产价值信息的引入和精确控制、度量交易主体对房地产市场的预期。在现实市场中，人们应用各种方法来计算房地产商品的价值，但始终没有统一房地产价值的精确度量方法；而在实验市场中，能够事先设定房地产商品的价值，并将这一精确的价值信息告之交易主体。另外，现实市场中，对人们预期的观察也较为困难，但在实验市场中，可以通过简单的测试手段，获取人们在交易过程中的预期情况。

综上，在受控的实验市场中，能够剖析过去研究难以观察和记录的、非常隐蔽的信息传递过程，获取大量反映信息流动的数据，有效地支持房地产信息问题的研究。在开展研究的过程中，可以多参考资本市场的信息问题研究的实验成果，资本市场有关信息传递、集聚、扩散、传播的成果较多，其有关信息机制的设计思想和案例值得参考和借鉴。

3. 房地产政策实施效果的检验

实验经济学的第三个特点是具有"政策实验场"的功能。我国房地产政策的实施效果却常常不能达到预期效果。以我国出台的一系列平抑房价过快上涨的政策为例，尽管政策出台前已经进行了充分的论证分析，预判政策的实施效果，但政策的出台伴随的仍然是房价的快速上涨，甚至起到了与预期效果相悖的政策实施效果。究其原因，当前缺少对房地产政策实施效果检验的有效工具。

对于一些酝酿已久、重大的房地产政策，可以通过试点的办法实施效果检验，而对于大部分的非重大房地产政策，逐一在实施前开展试点，不太现实。

实验经济学的兴起，给房地产政策实施效果检验提供了非常理想的工具。通过实验设计，构建房地产市场环境，然后将房地产政策通过实验设计和实验参数设置加载到实验市场中，对政策实施效果进行实验检验。一方面观察房地产政策实施过程中关键指标的数量变化规律，合理确定房地产政策的实施步骤；另一方面重视房地产政策实施过程中的漏洞和各方交易人对此采取的应对性做法，对政策进行优化调整和做好应对可能出现问题的准备，提高政策实施的可行性和实施效果。

8.3　创新点

本书的创新之处归纳为以下三点。

（1）探索在房地产领域研究中应用实验方法的可行性与适应性，并构建二手房买卖居间行为研究的实验框架，为相关研究提供参考

从理论上分析，实验方法具有体现人的有限理性特征、实验数据易于收集、实验过程容易控制和重复等优势，在房地产领域引入实验方法，是对传统研究方法体系的有益补充和完善。然而，房地产商品的特殊性以及房地产交易的复杂性使得在该领域应用实验方法的可行性受到怀疑，并长期阻碍着房地产领域实验研究的发展。当前国内外房地产领域的实验研究成果，较少体现房地产的多属性特征，大都采取了"回避"策略，或研究与房地产异质性关联度不大的研究主题，或直接假设房地产市场中的物业是同质的。

本书在分析实验经济学方法特点和适用范围的基础上，借鉴经典经济学实验研究成果的设计思路和设计理念，构建二手房买卖居间行为研究的实验框架，并应用该框架对二手房买卖居间行为及其影响进行研究，效果良好，达到了预期目标，不仅验证了房地产领域开展实验研究的可行性，而且实验方法的优势在研究中得到了充分体现。实验方法在房地产研究领域，尤其是房地产市场微观个体行为问题中是适用的。

（2）尝试探索以往研究难以深入的二手房市场微观主体行为过程问题

受观察难度和有效研究数据数量的影响，以往研究难以深入探讨二手房市场微观主体的行为过程问题。只能基于静态的、结果性的数据对二手房市场交易进行研究，如基于已发生的搜寻过程开展的成交价格、搜寻持时、搜寻成本等问题的研究。对于经纪人、卖方、买方等二手房市场微观主体的行为，如经纪人推荐二手房的过程和策略调整；买方搜寻二手房的偏好、频率；以及各主体之间的交互过程等问题，现有研究很少涉及。

实验经济学方法的发展成熟，为观察主体行为和收集反映主体行为的数据提供了有效的工具。在高度受控的实验环境下，研究人员借助软件、录音、摄像等设备，能够实现对二手房市场微观主体行为的细致观察和行为过程的全程记录，收集海量的研究数据，有效支持二手房市场微观主体行为过程问题的研究。

（3）通过实验来检验应对措施的实施效果，发现潜在问题和提高应对措施的可行性

市场调研和理论研究基础上制定出的买方应对措施可能还存在许多未知的问题，预计的实施效果很可能难以达到，实施过程也可能存在没有预料到的新情况。因此，在应对措施实施之前，通过实验方法进行检验和演练，在实验市场中观察应对措施的实施效果，发现和解决问题或者做好应对准备，将显著提高应对措施的实施效果。

此外，本研究对买方应对措施的实施效果进行实验检验，让真实经纪人在实施应对措施之后的环境中提供居间服务，研究人员直接观察、记录和研究应对措施的实施效果，既检验应对措施的有效性又为现实生活中提出更有针对性的应对措施提供依据。

8.4 不足之处和研究展望

8.4.1 不足之处

本书存在以下不足之处：

首先，在实验主体方面，目前实验中只引入了买方和经纪人两种住房市场主体，卖方角色也是以房源信息替代，更没有设置银行、政府等其他市场参与主体，也简化了二手房交易过程中的住房抵押贷款、政府信息发布、过户登记、税费缴纳等环节。另一方面，现在的实验设计没有体现买方在二手房搜寻过程中的学习效用。在现实生活中，买方对于二手房市场情况的了解、市场价格判断、二手房属性的偏好都会随着搜寻过程的深入而不断改变，买方会在搜寻过程中不断学习和调整自己的决策。目前在实验中没有体现这一特征，采用不变的程序代替买方进行购房决策，没有体现现实买方的这一特征。

其次，在实验客体方面，目前实验中只考虑了二手房的五种非价格属性和一种价格属性，没有考虑二手房的其他属性，如小区环境、教育配套、商业配套等。另一方面，目前的实验设计中以 A 到 D 级别的设计来表示二手房各个属性的优劣，尽管这种设计与现实情况基本平行，但实验被试仍然对二手房缺乏感性的认识和体验，缺少二手房的图片、视频等影像资料介绍。

最后，在实验被试方面，参与本书的实验被试只有 100 多人，数量相对较少，且都是从北京地区的经纪人服务公司选取，实验被试样本的规模和抽样存在一定的不足，进而影响到研究结论的稳定性和适用性。论文所提的应对措施，可能只能针对北京地区的买方提出，因为对于其他城市的经纪人二手房买卖居间行为没有进行研究，不确定其他城市的居间服务行为是否与北京地区存在显著差异。此外，受研究条件限制，部分实验采用"临时实验室"的方式进行，参与实验的经纪人往往相识，尽管在实验中采用经纪人编号来代替被试的真实姓名，但仍然无法完全排除被试相识所带来的潜在影响。

此外，论文的调查问卷设计相对简单，难以反映问题的各个方面。目前，问卷主要针对与论文相关的经纪人特征及其影响进行了调查，反映问题不够全面，且在问题设计的形式上比较单一，调查效果有待进一步确认。

8.4.2　研究展望

（1）进一步完善实验设计

针对当前实验设计和被试选择方面存在的问题，后续的研究应首先努力完善实验设计。

首先，在实验主体方面，在实验中引入银行、政府等其他市场参与主体，同时针对不同的研究目的，构建包括：住房抵押贷款申请、政府信息发布、过户登记、税费缴纳等环节在内的二手房交易过程；另一方面，在保证买方影响因素稳定或可以精确度量的情况下，将实验程序所代表的买方用真人被试替代，在实验中真正体现现实买方不断了解学习市场环境、不断调整决策判断的特征。

其次，在实验客体方面，引入更多的二手房非价格属性，并且设计由买方挑选决策时重点考虑的二手房属性环节。同时，考虑增加图片和视频的链接，市场主体能够了解二手房的影像资料，获取感性认识后再进行决策。

最后，在实验被试方面，扩大被试样本规模，以获得更加稳定的实验结果和可信度更高的研究结论。同时，可以考虑招募不同国家、地区、城市的被试参与实验，对比研究不同国家和地区的二手房买卖居间行为。

（2）进一步拓展实验框架的应用

目前，本书实验框架已基本搭建完成，并进行了探索性地应用。今后在完善实验设计的基础上，还应该进一步拓展实验框架的应用范围。实际上，该实验框架的应用范围远不限于本书的研究，对实验框架设计稍加改动，便可以应用在其他相关问题的研究中去。

首先，可以进一步研究买方其他因素对二手房买卖居间行为的影响。本书研究了经纪人特征、佣金计算方式以及买方支付意愿信息和购房时限信息传递的影响。如果改变实验框架中的买卖双方的数量和房源数量，可以构造出供大于求、供不应求和供求平衡的市场状况。研究买方所面临的市场环境对二手房买卖居间行为的影响。

其次，可以利用该实验框架研究卖方因素对二手房买卖居间行为的影响。目前实验设计中，卖方角色主要采用房源来代替，被动决策，在今后的研究中，可以引入卖方主动决策机制，如卖方定价机制、卖方进入和退出市场机制等，来研究卖方定价策略等因素对二手房买卖居间行为的影响。

再次，可以利用该实验框架研究买方行为或卖方行为。由于本书重点研究经纪人二手房买卖居间行为，所以实验中的买方和卖方均采用计算机程序代替，若研究买方行为或卖方行为，则可以互换角色，采用真人买方或卖方，而采用计算机程序代替经纪人进行决策。

最后，可以利用该实验框架研究二手房市场信息问题。二手房市场信息不对称、不均衡问题严重，可以利用实验环境易于控制信息传递的内容、数量和方向的特点，应用本研究所提出的实验框架，研究二手房交易过程中的，除买方信息传递之外的其他信息传递问题，如政府信息披露服务问题、卖方信息传递问题、经纪人信息传递问题、二手房市场信息扩散与甄别等。

附录 A 调研问卷

关于"二手房买卖居间行为"的调查问卷

尊敬的房地产经纪人:

您好!

为开展有关"二手房买卖居间行为"的研究,特邀请您填写问卷。问卷调查结果仅用于科研,会严格保密,不会将问卷结果用于其他用途,感谢您的参与!

1. 您的性别: A. 男　　　 B. 女

2. 您的出生年月:_____年_____月

3. 您成为经纪人的日期:_____年_____月

4. 您的最高学历:

A. 初中及以下　B. 中专　C. 高中　D. 大专　E. 本科　F. 硕士及以上

5. 您所学专业:_____

6. 您已取得:

A. 全国房地产经纪人执业资格证　 B. 北京市房地产经纪人执业资格证

C. 房地产经纪人协理资格证　　　 D. 尚未取得以上资格证书格证

7. 您从事经纪人职业的平均月收入为:

A.0 ~ 1500　　　B.1501 ~ 3000　　C.3001 ~ 4500　　D.4501 ~ 6000

E.6001 ~ 7500　　F.7501 以上

8. 您觉得年龄大对于提高业绩是否有帮助?

A. 非常有帮助　B. 比较有帮助　C. 一般　D. 不太有帮助　E. 没有帮助

9. 您觉得性别(女性)对于提高业绩是否有帮助?

A. 非常有帮助　B. 比较有帮助　C. 一般　D. 不太有帮助　E. 没有帮助

10. 您觉得学历高对于提高业绩是否有帮助?

A. 非常有帮助　B. 比较有帮助　C. 一般　D. 不太有帮助　E. 没有帮助

11. 您觉得从业经验多对于提高业绩是否有帮助?

A. 非常有帮助　B. 比较有帮助　C. 一般　D. 不太有帮助　E. 没有帮助

12. 您觉得所学专业与经纪人行业相近对于提高业绩是否有帮助？

A. 非常有帮助　B. 比较有帮助　C. 一般　D. 不太有帮助　E. 没有帮助

13. 您觉得拥有执业资格证或协理证对于提高业绩是否有帮助？

A. 非常有帮助　B. 比较有帮助　C. 一般　D. 不太有帮助　E. 没有帮助

问卷到此结束，谢谢您的配合！

附录 B　实验说明书 [①]

实验说明书

1. 欢迎您参加此次实验

这是一个有关二手住房市场交易的实验。国家自然科学基金为这个实验提供了资金支持。实验说明很简单，如果您能认真阅读实验说明，并在实验中做出合理的决策，您将获得可观的现金收入。

2. 实验规则

实验中，我们将进行虚拟的二手住房交易。我们假定住房的其他属性均相同，实验中只考虑住房的建成年代、房屋朝向、房屋楼层、房屋装修和交通配套五个属性。每种属性分为 A、B、C 和 D 四级，A 级最高，D 级最低。

在实验市场中，你们的角色都是经纪人，买方角色由计算机的后台程序任。作为经纪人，你们的任务是向买方推荐住房，促成成交。

推荐过程中，买方会先描述他们对住房属性的偏好，并且在你推荐住房给买方时，买方能告诉你这个住房是不是他目前最满意的住房。如果不是，买方不会理睬你，你的实验界面（见图附 1）右上部不会有变化；如果是，买方会把他最满意的住房和你的姓名显示在实验界面的右上方，并且买方会开始 30 秒倒计时。如果 30 秒内，没有人推荐的住房比这个住房更让买方满意，则你与买方成交；如果有其他人推荐的住房让买方更满意，则买方会更新右上角的信息，重新开始 30 秒倒计时。如果竞争激励，不断有人推荐出让买方更满意的住房，致使 3 分钟的交易期内，没有住房能够持续 30 秒占据买方最满意住房的位置，则买方会购买 3 分钟交易期结束时让他最满意的住房。

在实验界面的左下方是你的房源数据库，参与实验的每个人所拥有的房源数据库是一样的。数据库中的数字表示卖方委托给你的销售底价。表中的数字单位是万元。

[①] 这里列出的实验说明书是为本书一系列实验的说明书之一。其他实验的说明书与本说明书类似，只在个别语句上根据实验内容和目的进行微调，限于篇幅，不在此一一列出。

你向买方推荐住房时要告诉买方你推荐住房的编号和报价。请注意：

（1）你填写的报价不能低于卖方委托给你的底价，但可以高于卖方委托给你的底价，而且如果你能以高于委托底价成功出售住房的话，你将获得售价与委托底价的差价，此外，你还将获得成交价 2.5% 的佣金收入。你每推荐一次住房，需要支付 0.01 万元作为推荐成本。

（2）推荐住房时，请留意观察当前买方最满意住房的信息，如果你将要推荐的住房属性和当前买方最满意住房的属性完全一样，则你的推荐价格只能比当前的价格低，不能相等或更高。

（3）推荐住房前，你必须用"先算一下的按钮"测算自己推荐这个房子能挣多少钱，然后点中你已测算过的住房，再点击推荐按钮；随后，你推荐的住房相关信息将显示在你实验界面的左上部，别人看不到这些信息，当然你也看不到别人实验界面左上部的信息。如果你推荐的住房是当前买方最满意的住房，则住房和你的相关信息同时会显示在所有人实验界面的右上部。

（4）推荐住房时，要遵守屏幕的提示，当倒计结束时，表明已经有人成交，此时请你不要再推荐住房，即不要再点推荐按钮。

3. 时间安排

本次实验将进行 10 局，每一局你们都会面对一个新的买方，他们对住房的属性偏好都不相同。每一局实验持续 3 分钟。

4. 成绩计算

如果买方购买你的住房，你的成绩 = 买卖差价 + 成交价 × 2.5% − 推荐住房次数 × 0.01；

如果买方没有购买你的住房，你的成绩 = − 推荐住房次数 × 0.01。

实验结束后，你的成绩将按照 1 万元兑换 1 元人民币的比例换成现金。参加实验的每个人都有 150 元的基本工资。所以你最后所能得到的现金收入 = 你兑换的现金 +150 元。

5. 软件使用方法

交易通过软件进行，请注意看主持人的演示。

6. 请大家特别注意

实验中有问题请举手示意主持人，一定不要与其他人进行交谈。以上就是我们的实验规则，有什么不明白的吗？

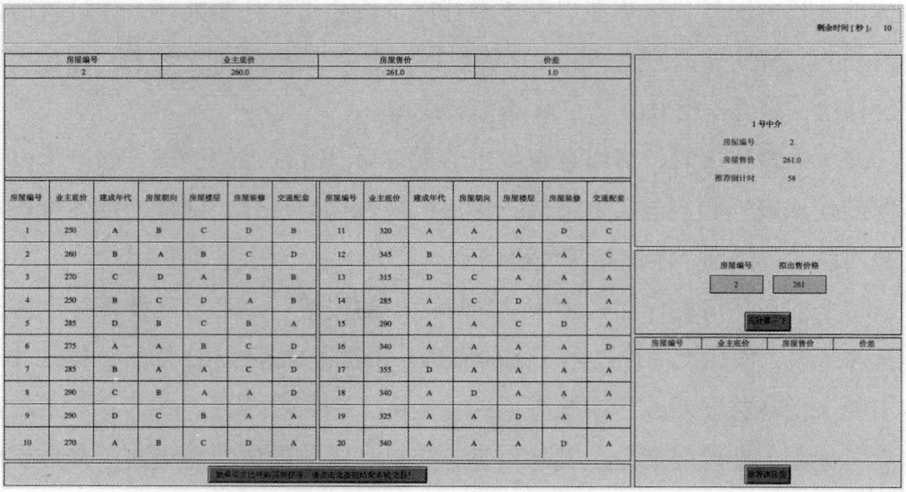

图附1　实验软件操作界面

参考文献

[1] Abelson M A, Kacmar M K, Jackofsky E F. Factors influencing real estate brokerage sales staff performance[J]. Journal of Real Estate Research, 1990, 5（2）: 265-275.

[2] Ackert L, Church B. The effects of subject pool and design experience on rationality in experimental asset markets[J]. Journal of Psychology and Financial Markets, 2001, 2（1）: 6-28.

[3] Ahmeda A M, Hammarstedt M. Discrimination in the rental housing market: A field experiment on the internet[J]. Journal of Urban Economics, 2008, 64（2）: 362-372.

[4] Albrecht J, Anderson A, Smith E, et al. Opportunistic matching in the housing market[J]. International Economic Review, 2007, 48（2）: 641-664.

[5] Anglin P M, Arnott R. Residential real estate brokerage as a principal-agent problem[J]. The Journal of Real Estate Finance and Economics, 1991, 4（2）: 99-125.

[6] Anglin P M. The contribution of buyer brokers[J]. Journal of Housing Economics, 1997, 6（3）: 277-292.

[7] Arnold M A. The principal-agent relationship in real estate brokerage services[J]. Real Estate Economics, 1992, 20（1）: 89-106.

[8] Arrow K J. The role of securities in the optimal allocation of risk-bearing[J]. The Review of Economic Studies, 1964, 31（2）: 91-96.

[9] Baryla E A, Ztanpano L V. Buyer search duration in the residential real estate market: The role of the real estate agent[J]. Journal of Real Estate Research, 1995, 10（1）: 1-13.

[10] Baryla E A, Zumpano L V, Elder H W. An investigation of buyer search in the residential real estate market under different market conditions[J]. Journal of Real Estate Research, 2000, 20（1）: 75-91.

[11] Benjamin J D, Chinloy P, Jud G D, et al. Do some people work harder than

others? Evidence from real estate brokerage[J]. The Journal of Real Estate Finance and Economics, 2007, 35（1）: 95-110.

[12] Benjamin J D, Chinloy P, Winkler D T. Labor supply, flexible hours and real estate agents[J]. Real Estate Economics, 2009, 37（4）: 747-767.

[13] Benjamin J D, Jud G D, Sirmans G S. What do we know about real estate brokerage？ [J]. Journal of Real Estate Research, 2000, 20（1）: 5-30.

[14] Borgers A W. An agent-based model of residential choice dynamics in nonstationary housing markets[J]. Environment and Planning A, 2009, 41（8）: 1997-2013.

[15] Carroll W. Fixed-percentage commissions and moral hazard in residential real estate brokerage[J]. The Journal of Real Estate Finance and Economics, 1989, 2（4）: 349-365.

[16] Cason T N, Friedman D. Price formation in double auction markets[J]. Journal of Economic Dynamics and Control, 1996, 20（8）: 1307-1337.

[17] Cason T N, Friedman D. Price formation in single call markets[J]. Econometrica, 1997, 65（2）: 311-345.

[18] Chen-Ritzo C H, Harrison T P, Kwasnica A M, et al. Better, faster, cheaper: An experimental analysis of a multiattribute reverse auction mechanism with restricted information feedback[J]. Management Science, 2005, 51（12）: 1753-1762.

[19] Chernobai E, Hossain T. House search duration in hot and cold residential markets[J]. Real Estate Economics, 2012, 40（4）: 809-841.

[20] Chernobai E. When does mobility decrease liquidity[D]. California State Polytechnic University Pomona, Working Paper, 2008.

[21] Crellin G E, Frew J R, Jud D G. The earnings of REALTORS: Some empirical evidence[J]. Journal of Real Estate Research, 1988, 3（2）: 39-78.

[22] Devos E, Ong S E, Spieler A C. Analyst activity and firm value: evidence from the REIT sector[J]. Journal of Real Estate Finance and Economics, 2007, 35（3）: 333-356.

[23] D'urso V T. Home buyer search duration and the internet[D/OL]. MIT Sloan School Working Paper 2003: 4271-02. Available at SSRN: http: //ssrn.com/ abstract=360460 or http: //dx.doi.org/10.2139/ssrn.360460.

[24] Dyer D, Kagel J H, Levin D. A comparison of naive and experienced bidders in common value offer auctions: A laboratory analysis[M]. Common Value Auctions and the Winner's Curse, 2002: 340.

[25] Elder H W, Zumpano L V, Baryla E A. Buyer brokers: Do they make a difference? Their influence on selling price and search duration[J]. Real Estate Economics, 2000, 28（2）: 337-362.

[26] Elder H W, Zumpano L V, Baryla E A. Buyer search intensity and the role of the residential real estate broker[J]. The Journal of Real Estate Finance and Economics, 1999, 18（3）: 351-368.

[27] Ettema D. A multi-agent model of urban processes: Modelling relocation processes and price setting in housing markets[J]. Computers, Environment and Urban Systems, 2011, 35（1）: 1-11.

[28] Fereidouni H G. The role of real estate agents on housing prices and rents: the Iranian experience[J]. International Journal of Housing Markets and Analysis, 2012, 5（2）: 134-144.

[29] Fischbacher U. z-Tree 2.1 tutorial[M]. University of Zurich, Zurich, Switzerland, 2002.

[30] Fischbacher U. z-Tree: Zurich toolbox for ready-made economic experiments[J]. Experimental Economics, 2007, 10（2）: 171-178.

[31] Follain J R, Lutes T, Meier D A. Why do some real estate salespeople earn more than others? [J]. Journal of Real Estate Research, 1996, 2（1）: 73-81.

[32] Forsythe R, Lundholm R. Information aggregation in an experimental market[J]. Econometrica, 1990, 58（2）: 309-347.

[33] Forsythe R, Palfrey T R, Plott C R. Asset valuation in an experimental market[J]. Econometrica, 1982, 50（3）: 537-567.

[34] Friedman D, Sunder S. Experimental methods: A primer for economicst[M].

New York: Cambridge University Press.

[35] Friedman D. A simple testable model of double auction markets[J]. Journal of Economic Behavior and Organization, 1991, 15（1）: 47-70.

[36] Gjerstad S, Dickhaut J. Price formation in double auctions[J]. Games and Economic Behavior, 1998, 22（1）: 1-29.

[37] Glower M, Hendershott P H. The determinants of REALTOR income[J]. Journal of Real Estate Research, 1988, 3（2）: 53-68.

[38] Guntermann K L, Smith R L. Efficiency of the market for residential real estate[J]. Land Economic, 1987, 63（1）: 34-46.

[39] Gwin C R, Ong S E, Spieler A C. Auctions and land values: An experimental analysis[J]. Urban Studies, 2005, 42（12）: 2245-2259.

[40] Hardin W, Johnson K, Wu Z. Brokerage Intermediation in the commercial property market[J]. Journal of Real Estate Research, 2009, 31（4）: 397-420.

[41] Hart O, Holmström B. The theory of contracts[R]. Department of Economics, Massachusetts Institute of Technology, 1986.

[42] Henrich J, Heine S J, Norenzayan A. The weirdest people in the world?[J]. Behavioral and Brain Sciences, 2010, 33（2-3）: 61-83.

[43] Herrin W E, Knight J R, Sirmans C F. Price cutting behavior in residential markets[J]. Journal of Housing Economics, 2004, 13（3）: 195-207.

[44] Hess A. Experimental evidence on prices formation in competitive markets[J]. Journal of Political Economy, 1972, 80（2）: 375-385.

[45] Holly S, Pesaran M H, Yamagata T. A spatio-temporal model of house prices in the USA[J]. Journal of Econometrics, 2010, 158（1）: 160-173.

[46] Hsieh C T, Moretti E. Did Iraq cheat the United Nations? Underpricing, bribes, and the oil for food program[J]. The Quarterly Journal of Economics, 2006, 121（4）: 1211-1248.

[47] Huang B, Rutherford R. Who you going to call? Performance of realtors and non-realtors in a MLS setting[J]. The Journal of Real Estate Finance and

Economics, 2007, 35（1）: 77-93.

[48] Ibanez M, Czermak S, Sutter M. Searching for a better deal-on the influence of group decision making, time pressure and gender on search behavior[J]. Journal of Economic Psychology, 2009, 30（1）: 1-10.

[49] Ikromov N, Yavas A. Asset characteristics and boom and bust periods: An experimental study[J]. Real Estate Economics, 2012a, 40（3）: 603-636.

[50] Ikromov N, Yavas A. Cash flow volatility, prices and price volatility: An experimental study[J]. The Journal of Real Estate Finance and Economics, 2012b, 44（1-2）: 203-229.

[51] Jud G D, Winkler D T. The earnings of real estate salespersons and others in the financial services industry[J]. The Journal of Real Estate Finance and Economics, 1998, 17（3）: 279-291.

[52] Knight J R. Listing price, time on market, and ultimate selling price: Causes and effects of listing price changes[J]. Real Estate Economics, 2002, 30（2）: 213-237.

[53] Kocher M G, Pahlke J, Trautmann S T. Tempus fugit: Time pressure in risky decisions[J]. Management Science, 2013, 59（10）: 2380-2391.

[54] Kocher M G, Sutter M. Time is money-Time pressure, incentives, and the quality of decision-making[J]. Journal of Economic Behavior and Organization, 2006, 61（3）: 375-392.

[55] Krainer J, LeRoy S F. Equilibrium valuation of illiquid assets[J]. Economic Theory, 2002, 19（2）: 223-242.

[56] Kumbhakar S C, Parmeter C F. Estimation of hedonic price functions with incomplete information[J]. Empirical Economics, 2010, 39（1）: 1-25.

[57] Lei V, Noussair C N, Plott C R. Nonspeculative bubbles in experimental asset markets: Lack of common knowledge of rationality vs. actual irrationality[J]. Econometrica, 2001, 69（4）: 831-859.

[58] Li L H, Wang C. Real estate agency in China in the information age[J]. Property Management, 2006, 24（1）: 47-61.

[59] Mann H B, Whitney D R. On a test of whether one of two random variables is stochastically larger than the other[J]. The Annals of Mathematical Statistics, 1947, 18（1）: 50-60.

[60] Mantrala S, Zabel E. The housing market and real estate brokers[J]. Real Estate Economics, 1995, 23（2）: 161-185.

[61] Maule A J, Hockey G R J, Bdzola L. Effects of time-pressure on decision-making under uncertainty: Changes in affective state and information processing strategy[J]. Acta Psychologica, 2000, 104（3）: 283-301.

[62] Miceli T J, Pancak K A, Sirmans C F. Is the compensation model for real estate brokers obsolete?[J]. The Journal of Real Estate Finance and Economics, 2007, 35（1）: 7-22.

[63] Mullainathan S, Thaler R H. Behavioral economics[R]. National Bureau of Economic Research, 2000.

[64] Northcraft G B, Neale M A. Experts, amateurs, and real estate: An anchoring-and-adjustment perspective on property pricing decisions[J]. Organizational Behavior and Human Decision Processes, 1987, 39（1）: 84-97.

[65] Ong S E, Cheng F J, Boon B, et al. Oligopolistic bidding and pricing in real estate development: Experimental evidence[J]. Journal of Property Investment and Finance, 2003, 21（2）: 154-189.

[66] ayne J W, Bettman J R, Johnson E J. The adaptive decision maker[M]. Cambridge University Press, 1993.

[67] Peterson S P. Forecasting dynamics and convergence to market fundamentals: Evidence from experimental asset markets[J]. Journal of Economic Behavior and Organization, 1993, 22（3）: 269-284.

[68] Porter D P, Smith V L. Futures contracting and dividend uncertainty in experimental asset markets[J]. Journal of Business, 1995, 68（4）: 509-541.

[69] Pratt J W. Risk aversion in the small and in the large[J]. Econometrica, 1964, 32（1-2）: 122-136.

[70] Rubinstein A. Instinctive and cognitive reasoning: A study of response times[J]. The Economic Journal, 2007, 117 (523): 1243-1259.

[71] Rutherford R, Yavas A. Discount brokerage in residential real estate markets[J]. Real Estate Economics, 2012, 40 (3): 508-535.

[72] Sahin M A, Sirmans C F, Yavas A. Buyer brokerage: Experimental evidence[J]. Journal of Housing Economics, 2013, 22 (4): 265-277.

[73] Schnitzlein C R. Price formation and market quality when the number and presence of insiders is unknown[J]. Review of Financial Studies, 2002, 15 (4): 1077-1109.

[74] Seiler M J, Madhavan P, Liechty M. Ocular tracking and the behavioral effects of negative externalities on perceived property values[J]. Journal of Housing Research, 2012a, 21 (2): 123-137.

[75] Seiler M J, Madhavan P, Liechty M. Toward an understanding of real estate homebuyer internet search behavior: An application of ocular tracking technology[J]. Journal of Real Estate Research, 2012b, 34 (2): 211-241.

[76] Seiler M J, Seiler V L, Lane M A, et al. Fear, shame and guilt: Economic and behavioral motivations for strategic default[J]. Real Estate Economics, 2012, 40 (s1): S199-S233.

[77] Seiler M J, Seiler V L, Lane M A. Mental accounting and false reference points in real estate investment decision making[J]. Journal of Behavioral Finance, 2012, 13 (1): 17-26.

[78] Seiler M J. Forward and falsely induced reverse information cascades[J]. Journal of Behavioral Finance, 2012, 13 (3): 226-240.

[79] Seiler M J. The effect of perceived lender characteristics and market conditions on strategic mortgage defaults[J]. The Journal of Real Estate Finance and Economics, 2014, 48 (2): 256-270.

[80] Shimizu C, Nishimura K G, Asami Y. Search and vacancy costs in the Tokyo housing market: Attempt to measure social costs of imperfect information[J]. Review of Urban and Regional Development Studies, 2004,

16（3）: 210-230.

[81] Sirmans G S, Swicegood P G. Determinants of real estate licensee income[J]. Journal of Real Estate Research, 1997, 14（2）: 137-153.

[82] Sirmans G S, Swicegood P G. Determining real estate licensee income[J]. Journal of Real Estate Research, 2000, 20（1）: 189-204.

[83] Smith V L, Suchanek G L, Williams A W. Bubbles, crashes, and endogenous expectations in experimental spot asset markets[J]. Econometrica, 1988, 56（5）: 1119-1151.

[84] Smith V L. An experimental study of competitive market behavior[J]. The Journal of Political Economics, 1962, 70（2）: 111-137.

[85] Stevenson S. House price diffusion and inter-regional and cross-border house price dynamics[J]. Journal of Property Research, 2004, 21（4）: 301-320.

[86] Strecker S. Information revelation in multiattribute English auctions: A laboratory study[J]. Decision Support Systems, 2010, 49（3）: 272-280.

[87] Sutter M, Kocher M, Strauß S. Bargaining under time pressure in an experimental ultimatum game[J]. Economics Letters, 2003, 81（3）: 341-347.

[88] Svenson O, Benson III L. Framing and time pressure in decision making //Time pressure and stress in human judgment and decision making[M]. Springer US, 1993: 133-144.

[89] Teich J E, Wallenius H, Wallenius J, et al. A multi-attribute E-auction mechanism for procurement: Theoretical foundations[J]. European Journal of Operational Research, 2006, 175（1）: 90-100.

[90] Torrens P M. A geographic automata model of residential mobility[J]. Environment and Planning B: Planning and Design, 2007, 34（2）: 200-222.

[91] Turnbull G K, Dombrow J. Individual agents, firms, and the real estate brokerage process[J]. The Journal of Real Estate Finance and Economics, 2007, 35（1）: 57-76.

[92] Waller B D, Jubran A M. The impact of agent experience on the real estate transaction[J]. Journal of Housing Research, 2012, 21（1）: 67-82.

[93] Williams A W. The formation of price forecasts in experimental markets[J]. Journal of Money, Credit and Banking, 1987, 19（1）: 1-18.

[94] Yavas A, Colwell P. Buyer brokerage: Incentive and efficiency implications[J]. The Journal of Real Estate Finance and Economics, 1999, 18（3）: 259-277.

[95] Yavas A, Miceli T J, Sirmans C F. An experimental analysis of the impact of intermediaries on the outcome of bargaining games[J]. Real Estate Economics, 2001, 29（2）: 251-276.

[96] Yavas A, Sirmans C F. Real options: Experimental evidence[J]. The Journal of Real Estate Finance and Economics, 2005, 31（1）: 27-52.

[97] Yavas A, Yang S. The strategic role of listing price in marketing real estate: Theory and evidence[J]. Real Estate Economics, 1995, 23（3）: 347-368.

[98] Yavas A. Matching of buyers and sellers by brokers: A comparison of alternative commission structures[J]. Real Estate Economics, 1996, 24（1）: 97-112.

[99] Yinger J. A search model of real estate broker behavior[J]. American Economic Review, 1981, 71（4）: 591-605.

[100] Zhang H, Zhang Y, Seiler M J. Integrating lectures, lab-based and web-based experiments in the teaching of real estate investments: A blended learning approach[J]. Journal of Real Estate Practice and Education. 2014a. Forthcoming.

[101] Zhang H, Zhang Y, Seiler M J. The effects of demand specification and search patience on the buyer search process in China's resale housing market: An experimental study[J]. International Real Estate Review. 2014b. Frothcoming.

[102] Zhang H, Zhang Y, Seiler M J. The impact of information disclosure on prices, volume, and market volatility: An experimental approach[J].

Journal of Behavioral Finance. 2014c. Frothcoming.

[103] Zhang H，Zhang Y. Incorporation of experimental methods into teaching real estate economics：Process，practice and development[J]. The New Educational Review，2012，29（3）：121-133.

[104] Zhang H，Zhang Y. Use of z-Tree in experimental teaching in real estate courses：Programming and implementing the housing search experiment[C]. International Symposium on Advancement of Construction Management and Real Estate，Xi'an，China，2013.

[105] Zhang Y，Zhang H. An Experimental Comparison of Commission Patterns in the Resale Housing Market in China[J]. Journal of Comparative Asian Development，2014. Frothcoming.

[106] Zietz E N，Sirmans G S. Review articles：Real estate brokerage research in the new millennium[J]. Journal of Real Estate Literature，2011，19（1）：3-40.

[107] Zietz J，Newsome B. Agency representation and the sale price of houses[J]. Journal of Real Estate Research，2002，24（2）：165-192.

[108] Zorn T S，Larsen J E. The incentive effects of flat-fee and percentage commissions for real estate brokers[J]. Real Estate Economics，1986，14（1）：24-47.

[109] Zumpano L V，Elder H W，Baryla E A. Buying a house and the decision to use a real estate broker[J]. The Journal of Real Estate Finance and Economics，1996，13（2）：169-181.

[110] 中华人民共和国合同法 [Z].1999.

[111] 卜国琴，闫晓旭 . 我国房产政策抑制泡沫有效性的实验研究 [J]. 工业技术经济，2017，36（7）：63-70.

[112] 陈嘉伟 . 基于实验的住房信息服务对住房市场搜寻效率影响研究 [D]. 北京：清华大学，2017.

[113] 陈艳莹，周娟 . 双重道德风险下的房地产中介佣金制度研究 [J]. 大连理工大学学报：社会科学版，2010，31（1）：16-20.

[114] 陈叶烽，周业安，宋紫峰．人们关注的是分配动机还是分配结果？——最后通牒实验视角下两种公平观的考察 [J]．经济研究，2011（6）：31-44.

[115] 戴俊，盛昭瀚．企业内部知识市场交易机制的模型建构与研究 [J]．预测，2004，23（4）：48-51.

[116] 邓红平，罗俊．不完全信息下公共租赁住房匹配机制——基于偏好表达策略的实验研究 [J]．经济研究，2016，51（10）：168-182.

[117] 范立新．回归分析中多重共线性诊断方法 [J]．国外医学：卫生学分册，1994，21（1）：34 -37.

[118] 高鸿桢，林嘉永．信息不对称资本市场的实验研究 [J]．经济研究，2005（2）：63-71.

[119] 国家自然科学基金面上项目：基于实验经济学的住房信息搜寻效率研究（71373143）申请书 [Z]．项目主持人：张红，2014-2017.

[120] 海晶晶．领导—追随机制下公共品博弈实验中合作行为的研究 [D]．济南：山东大学，2018.

[121] 何琴．基于实验经济学的公共租赁住房匹配机制研究 [D]．武汉：华中师范大学，2015.

[122] 黄国宾，周业安．领导者博弈的实验经济学研究述评 [J]．经济理论与经济管理，2014（10）：48-59.

[123] 黄英，刘洪玉，刘琳．我国房地产经纪服务定价方法探讨 [J]．价格理论与实践，2005，（7）：40-41.

[124] 贾念念．不对称信息下的企业激励机制研究 [D]．哈尔滨：哈尔滨工程大学，2003.

[125] 蒋东明．过度自信程度是否影响个体风险决策 [D]．大连：东北财经大学，2016.

[126] 李林峻．基于实验的价格信息对住房市场搜寻效率影响研究 [D]．北京：清华大学，2017.

[127] 李翔．基于实验经济学的信息定价效率研究 [J]．财经问题研究，2011，330（5）：11-18.

[128] 廖玉玲, 洪开荣, 张亮. 第三方惩罚机制与双边合作秩序的维持——来自房地产征用补偿的实验证据 [J]. 系统工程理论与实践, 2015, 35 (11): 2798-2808.

[129] 林树, 俞乔. 有限理性, 动物精神及市场崩溃对情绪波动与交易行为的实验研究 [J]. 经济研究, 2010, (8): 115-127.

[130] 林树, 周建. 中国投资者"热手效应"与"赌徒谬误"的实验研究 [J]. 经济研究, 2006 (8): 56-69.

[131] 林荫, 张红. 中国住房市场广告的信号传递 [J]. 清华大学学报: 自然科学版, 2010 (3): 474-476.

[132] 刘金平, 李红锋. 时间压力下的决策策略和决策理论 [J]. 河南大学学报: 社会科学版, 2008, 48 (6): 73-78.

[133] 刘玮, 康思敏, 杨倩琳. 实验经济学视角下养殖户无害化行为选择研究 [J]. 生态经济, 2018, 34 (9): 128-133.

[134] 陆海. 公共品博弈中惩罚制度的实验经济学研究 [J]. 经营与管理, 2016 (11): 146-149.

[135] 骆品亮, 陆毅. 共同代理与独家代理的激励效率比较研究 [J]. 管理科学学报, 2006 (2): 47-54.

[136] 潘丹. 基于实验经济学的养殖企业污染治理政策选择行为分析 [J]. 干旱区资源与环境, 2017, 31 (03): 70-75.

[137] 任放, 张红, 张晓光. 上海住房市场信息不完全度的时间与空间变化规律 [J]. 清华大学学报: 自然科学版, 2009, 5 (9): 1476-1479.

[138] 阮小健. 住宅二级市场中介服务佣金与合同研究 [D]. 北京: 清华大学土木系, 2005.

[139] 宋宁. 风险承担行为与股票价格波动的实验与实证研究 [D]. 大连: 东北财经大学, 2017.

[140] 孙煦. 基于实验的住房信息搜寻行为模拟、效率测算与优化研究 [D]. 北京: 清华大学, 2015.

[141] 汪瑞. 二手房市场佣金模式选择研究 [J]. 长春大学学报, 2017, 27 (5): 10-16. 陈艳莹, 周娟. 双重道德风险下的房地产中介佣金制度研究 [J].

大连理工大学学报：社会科学版，2010，31（1）：16-20.

[142] 王大伟. 时间压力、属性数量影响决策信息加工的研究 [J]. 山东师范大学学报：人文社会科学版，2009（6）：126 -130.

[143] 王海巍. 存款保险与金融市场信息对称性的均衡研究——基于 z-Tree 平台的实验经济学研究方法 [J]. 金融理论与实践，2014（5）：50-55.

[144] 谢安石，李一军，尚维，等. 拍卖理论的最新进展——多属性网上拍卖研究 [J]. 管理工程学报，2006，20（3）：17-22.

[145] 薛晓蕾，陈雨生，Phetphanthong Sommaii，李中东. 基于实验经济学的水产品地理标志监管博弈行为分析 [J]. 宏观质量研究，2018，7（2）：41-50.

[146] 尹海员，华亦朴. 基于实验经济学的投资者情绪对股票流动性影响研究 [J]. 中央财经大学学报，2018（11）：38-49.

[147] 张春霖. 存在道德风险的委托代理关系：理论分析及其应用中的问题 [J]. 经济研究，1995（8）：3-8.

[148] 张红，陈玄冰，张洋. 佣金模式对二手房市场效率影响的实验 [J]. 清华大学学报（自然科学版），2015，55（2）：190-195.

[149] 张红，李林峻，李维娜. 基于实验经济学的中介价格信息掌握对二手房议价效率影响 [J]. 清华大学学报（自然科学版），2017，57（4）：421-425+431.

[150] 张红，李洋，谢娜. 中国住房一级市场买方搜寻行为的影响因素 [J]. 清华大学学报：自然科学版，2013，53（1）：61-65.

[151] 张红，林荫. 基于跨期消费模型的住房交易成本阻碍效应 [J]. 清华大学学报：自然科学版，2012，52（2）：190-193.

[152] 张红，林荫. 中国住房一级市场买方代理模式的平滑效应研究 [J]. 清华大学学报：自然科学版，2013，53（1）：58-60，116.

[153] 张红，孙煦，金涛. 基于生存分析的二手房议价持时的实验研究 [J]. 系统工程理论与实践，2016，36（6）：1435-1441.

[154] 张红，张洋，李瑞. 基于实验的住房市场信息披露对二手房价格的影响 [J]. 合肥工业大学学报：自然科学版，2013，36（5）：621-624.

[155] 张红，张洋．二手房价格信息传递仿真 [J]．计算机仿真．2013b，（11）：214-217，259．

[156] 张红，张洋．基于经济学实验的信息传递过程中北京二手房信息扩散程度测算 [J]．清华大学学报：自然科学版，2014．

[157] 张红，张洋．买方需求信息传递对住房搜寻影响的实验研究 [J]．湖南大学学报：自然科学版，2013a，40（7）：99-103．

[158] 张红，周鹏，林荫．基于仿真分析的中国住房一级市场搜寻过程模型 [J]．清华大学学报：自然科学版，2012，52（2）：194-198．

[159] 张维迎．博弈论与信息经济学 [M]．上海：上海人民出版社．2004：257-259．

[160] 张晓光，张红．基于 Hedonic 模型的北京住房市场交易信息成本 [J]．清华大学学报：自然科学版，2009，49（3）：321-324．

[161] 张洋，李瑞．房地产经济学实验教学研究 [J]．河北大学学报：哲学社会科学版，2013，38（2）：149-151．

[162] 张洋．买方对二手房买卖居间行为影响的实验研究．2014．

[163] 张元鹏，张皓辰．群体活动中"榜样的力量"是无穷的吗——来自一项动态公共品博弈实验的证据 [J]．财贸经济，2017，38（12）：80-94．

[164] 郑思齐．信息搜寻，经纪服务与市场效率——来自住房市场的微观证据和宏观意义 [J]．经济体制改革，2007（5）：161-165．

[165] 周耿，姜雨潇，范从来，等．T+1 制度对中小投资者保护效果的实验研究 [J]．中国经济问题，2018（6）：60-75．

[166] 周美伶，张金鹗．购屋搜寻期间影响因素之研究 [J]．管理评论（台），2005（24）：133-150．

[167] 周鹏，张红，王默．基于信息传递的北京住房二级市场信息成本 [J]．清华大学学报：自然科学版，2010，50（9）：1452-1455．

[168] 周业安，宋紫峰．公共品的自愿供给机制：一项实验研究 [J]．经济研究，2008（7）：90-104．

[169] 周业安，宋紫峰．社会偏好，信息结构和合同选择——多代理人的委托代理实验研究 [J]．经济研究，2011（11）：130-144．

[170] 周业安，左聪颖，袁晓燕．偏好的性别差异研究：基于实验经济学的视角 [J]．世界经济，2013，36（7）：3-27.

[171] 朱宪辰，李妍绮，曾华翔．不完美信息下序贯决策行为的一项实验考察——关于羊群行为的贝叶斯模型实验检验 [J]．经济研究，2009（6）：145-156.